山折哲雄 編

親鸞に秘められた古寺・生涯の謎

宗祖聖人と辿る
旧跡と浄土真宗

ウェッジ

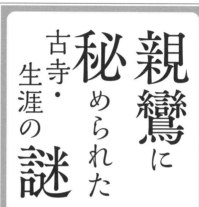

はじめに

親鸞《しんらん》は、九歳のころ比叡山にのぼって出家したという。どんな修行をしたか、よくはわからないが、いつのまにか七人の賢人たちについて考えるようになっていく。

インド人が二人――龍樹《りゅうじゅ》と天親《てんじん》である。

中国人が三人――曇鸞《どんらん》と道綽《どうしゃく》と善導《ぜんどう》。

日本人が二人――源信《げんしん》と源空《げんくう》（法然《ほうねん》）だ。

親鸞はこの七人を敬愛し、「七高僧」と呼んで、その生き方を学んでいった。

世界をめぐる旅に出たのだ。はじめから世界を両手ににぎりしめようと決意したのだ。眼前にはフロンティアの海が広がっていた。

インドの龍樹はどんな山岳だったか。彼はただ空、空……といっていた。この世の一切のものはすべて「空」だ、と叫んで、口をつぐんでいた。

二人目の天親は何を説いていたのか。人間は結局どこに行くのか、と問いつづけて、それは「浄土」をおいてほかにはないと言い続けていた。

三番目の中国人、曇鸞になると、その天親のいう浄土に行ったり、そこから帰ってきたりするのは誰か、ということを考えはじめていた。「この世」と「あの世」の関係、といってもいい。

四番目が道綽で、その浄土すなわちあの世には、万人を救う阿弥陀如来がいて、これが「他力」の象徴だという。つまり自力は捨てよと説いていた。世はすでに終末に向かっているのだと……。

そのあとを継いで五番目に善導という情感あふれる人物が登場する。人間悪の限界を見きわめて救済仏（阿弥陀如来）の可能性をさらに追求しはじめていた。

こうして六人目に、日本人の源信があらわれる。平安時代に比叡山で活躍した学僧で、『往生要集』というベストセラーを書いた。浄土に往生するための道筋を明らかにし、最後に人間はどのように死んでいくのかをテーマに「臨終の作法」を説いた。そこに描かれた地獄－極楽の議論は、その後の日本人に大きな影響を与えることになった。

こうして最後に源空の名が登場する。親鸞にとっては最終の師、法然があらわれる。阿弥陀如来への信心を通して万人救済の道を明快に示した恩人だったといっていい。親鸞がこの法然に会ったとき、親鸞は文字通り世界哲学の最前線に立っていたのだ。このとき彼は空、浄土、自力と他力、悪、死などの大問題に正面から立ち向かい、思考のかぎりをつくして格闘をくり返していたからだ。

やがて、変貌がはじまる。凝縮と選択のときがくる。そのころ彼の周辺には、当時流行り出していた大衆歌謡のなめらかな七五調の歌声がきこえはじめていた。親鸞の後半生を鮮やかに彩る「和讃《わさん》」の美しい調べだった。それが彼のこころを動かし、新たな作品を生んでいく。

「高僧和讃」（先に述べた「七賢人」への歌）

「浄土和讃」（「理想の国」への歌）

「正像末《しょうぞうまつ》和讃」（「世界終末」への危機的な歌）

親鸞はその晩年、この三種の「うた」を繰り返し口ずさみながら祈りをささげ、念仏を称《とな》えて生きていたように思う。それが高齢を生きる最後の慰めだったような気がしてならない。

今、私は京都の下京《しもぎょう》に住んで、よく路地小路に出て散歩する。あるとき、通りの一角に「親鸞聖人御入滅之地」の碑を見つけ、歴史の生々しい断片が急に眼前によみ返ったことがあった。

またあるときは、東山の山麓に鎮まる浄土宗の知恩院に足をのばすこともある。師、法然の墓所が祀《まつ》られているところだ。その知恩院の三門の高みに立って、はるか西方に目を向けると、足元の鴨川が南に流れ下っているのが眺められるはずだ。

かりに知恩院の山上からヘリコプターに乗って西方の空に飛んでみるとしよう。手前の方に東西両本願寺の大伽藍が京都タワーの白い塔と並んで見えてくるはずだ。それはともに大教団の宗祖、親鸞を祀る殿堂だ。つまり法然から親鸞に手渡された信仰の灯が、洛中洛外をまさに東から西に貫いて灯り続けてきたということだ。その信仰の灯がさらに西方への軌道にのびていけば、そのはてに十万億土のかなたの西方浄土が浮かんでくるだろう。

だが法然によってはじめられた念仏運動は、旧仏教側からの非難攻撃によって弾圧され、法然は土佐へ、親鸞は越後に流された。承元《じょうげん》の法難（一二〇七年）である。親鸞の流浪の旅がはじまる。わずかな妻子をともない、みずから「破戒僧」として僧にあらず俗にあらず、の生活を選びとり、新たな伝道の地に移住する。「七高僧」という名の「賢人」たちの森の茂みから脱出し、大衆歌謡の「和讃」の海へと泳ぎ出ていった。

世はすでにたび重なる戦乱と災害によって動揺と疲弊の中にあった。『平家物語』や『方丈記』に描かれる地獄図絵そのままの姿に変わりはてている。その末法の真っ只中で親鸞は九十歳の高齢期にさしかかっていた。その念仏三昧の日常にも最期のときが迫っている。そんなとき、気がつけばその口元に、つぶやくような言葉がよみ返っていた。

自然法爾《じねんほうに》！

ありのままに　念仏三昧のままに

「和讃」の断片のような、かすかな吐息のような、自然に流出してくる、安堵のつぶやきのような言葉だった。

このごろわれわれの社会では、人生百年時代とかいわれるようになっている。超高齢社会の到来が待ったなしの勢いで迫ってくる。

後期高齢

末期高齢
臨終期高齢
末期から臨終期へのラストランの備えは、もうできているのかという天の声だ。そして有形、無形の介護の手当……。
令和五年は親鸞生誕八五〇年にあたると同時に、令和六年は浄土真宗開宗八〇〇年を迎えるのだという。それに合わせて数々の法要や特別展示の催しも用意されている。当時としては九十歳という超高齢を生き抜いた親鸞聖人の人生をあらためて見直し、そこから何を学ぶか絶好の機会となるにちがいない。
また苛酷なコロナ禍をはじめ、気候変動による連年の災害に遭遇し、親鸞の思想から何を引き出し、何を指針として生きていったらよいのか、あらためて再考するときがきているのである。

令和五年（二〇二三）二月

山折哲雄

親鸞に秘められた古寺・生涯の謎　目次

はじめに　3

第1章

親鸞の生涯Ⅰ
生誕から六角堂夢告まで

生誕
藤原氏の末裔として生まれる　18
鎌倉時代には異端とされた専修念仏／親鸞伝の基本史料となった『親鸞伝絵』／東国系真宗教団によって編まれた親鸞伝もある／本願寺派中心史観への批判／親鸞の生誕年と父、日野有範／日野家と法界寺

出家
比叡山に入って官僧となる　34
九歳の春に出家する／親鸞の師、慈円／一族の不運が親鸞出家をもたらしたのか

比叡山での修行時代
日本仏教の母山で学ぶ　44
官僧の養成・教育機関だった延暦寺／世俗化が進んでいた中世の延暦寺／比叡山で天台宗を修め、観想念仏も学ぶ／常行堂の堂僧も勤めて不断念仏を修していた

六角堂夢告と吉水入室
比叡山を下り、観音の夢告を受ける　54

山を下り、法然を訪ね、六角堂で観音の示現に遭う／観音から「女犯偈」を授かる／「六角堂夢告」↓「吉水入室」と記す恵信尼の手紙／「六角堂参籠」↓「吉水入室」↓「六角堂夢告」とする『親鸞正明伝』／六角堂参籠以前にも観音から夢告を受けていた？／親鸞二十九歳の転機

［コラム］　親鸞の深層①
真宗十派
親鸞教団の有力分派　68

第2章
親鸞の生涯II
結婚と流罪の謎

法然と専修念仏
親鸞が帰依した革新的な浄土信仰　72
遁世して専修念仏の教えを確立した法然／法蔵菩薩が十八番目に立てた誓願が「弥陀の本願」／日本仏教史を全否定した法然のラジカルな教説

吉水時代の親鸞
法然のもとで専修念仏を学ぶ　82
師の肖像画の書写を許された親鸞／「信行両座」と「信心諍論」のエピソード

妻帯をめぐる謎
恵信尼と玉日姫の影　88
恵信尼を完全に無視する『親鸞伝絵』／京都出生

説が有力な恵信尼／『親鸞正明伝』が記す九条兼実の娘玉日姫との結婚譚／坊守のモデルとされた玉日姫／玉日姫の「墓」が残る京都の西岸寺／恵信尼と玉日姫の本当の関係とは

弾圧と法難
流罪となって京都を逐われる 100
法然がまとめた「七箇条起請文」／専修念仏禁止を求めた旧仏教側の「興福寺奏状」／後鳥羽上皇の逆鱗に触れて「承元の法難」が起きる／なぜ親鸞は連座して流罪となったのか／赦免後に京都に戻るも、まもなく没した法然／「非僧非俗」の身となった愚禿親鸞

［コラム］ 親鸞の深層②
蓮如
本願寺をメジャーにした敏腕僧 114

第3章 親鸞の生涯Ⅲ 東国布教・京都帰還、そして往生へ

越後配流時代
流刑地で新境地を開く 118
流刑地で比較的自由な生活を送った親鸞／赦免後、いったん帰洛したと記す『親鸞正明伝』

目次

関東布教の開始

非僧非俗の道を進む 124

常陸を拠点に念仏布教をはじめる／関東は念仏布教の未開地だった／浄土三部経の千部読誦をはじめるも、途中で中止する／宗教的覚醒としての「寛喜の内省」

続々と教化された門信徒たち

東国に生じた初期真宗教団 134

山伏を教化して往生に導く／東国に念仏を広めた面授口決の門弟／親鸞の高弟／鎌倉での一切経校合に参加する

『教行信証』の執筆

関東で大部分が書かれた主著 144

謎の多い『教行信証』の制作年代／往相廻向・還相廻向の主体は、人間ではなく阿弥陀仏／末法を直視して絶対他力にすべてをゆだねる

京都帰還

著述と念仏の日々 152

六十三歳頃に帰洛か／鎌倉幕府は念仏取り締まりをはじめていた／家族を連れて京の下町に住む／和讃など、多くの著述に取り組む／京まで親鸞を訪ねてきた関東の門徒たち

善鸞義絶事件

「造悪無碍」をめぐる最晩年の苦闘 162

関東で異義を広めた息子を義絶する／造悪無碍を生んだ悪人正機説

往生

九十歳で遷化し、大谷に葬られる 168

弟尋有の住房に身を寄せる／奇瑞を見せることなく、浄土往生へ

［コラム］ 親鸞の深層③ **隠れ念仏と隠し念仏** 174

秘密結社化した念仏信仰

第4章 親鸞ゆかりの古寺

本願寺

親鸞の廟所をルーツとする真宗本山 178

親鸞が願ったのは「寺院」ではなく「道場」だった／本願寺の複雑な歴史／マンモス教団を統轄する巨大伽藍

京都

古都に点在する親鸞の残影 192

法界寺《ほうかいじ》──親鸞誕生の地／青蓮院《しょうれんいん》──親鸞出家・得度の地／延暦寺《えんりゃくじ》──親鸞修行・修学の地／頂《ちょう》法《ほう》寺《じ》（六角堂）──観音夢告の霊地／岡崎別院《おかざきべついん》──比叡山下山後の寓所／安養寺《あんようじ》──法然の吉水草庵跡／光圓寺《こうえんじ》──親鸞帰洛後の住まい／角坊《すみのぼう》──親鸞遷化の地／延仁寺《えんにんじ》──親鸞の荼毘所

越後

親鸞流罪の地に残る古寺・旧跡 214

目次

見真堂《けんしんどう》――親鸞上陸の地／五智国分寺《ごちこくぶんじ》――親鸞の草庵跡／本願寺国府別院《ほんがんじこくふべついん》――もうひとつの草庵跡／光源寺《こうげんじ》――親鸞に帰依した武士が開いた／恵信《えしん》尼《に》公廟所《こうびょうしょ》――恵信尼の墓

関東

初期真宗教団の中心地 222

西念寺《さいねんじ》――稲田草庵跡／小島草庵跡《おじまそうあんあと》――関東布教の拠点／専修寺《せんじゅじ》――初期真宗教団の面影を伝える

［コラム］ 親鸞の深層④

妙好人

親鸞と同じ境地に到達した念仏者 232

親鸞関係系図 235

親鸞関連年表 236

主要参考文献 238

親鸞聖人像　敷かれた熊皮《くまがわ》の上に座していることから「熊皮の御影《みえい》」という通称がある。親鸞寂後まもない頃に描かれたものと推測されている（重要文化財、鎌倉時代、国立文化財機構所蔵品統合検索システム）

親鸞の生涯 I

生誕から六角堂夢告まで

第1章

生誕

藤原氏の末裔として生まれる

鎌倉時代には異端とされた専修念仏

「南無阿弥陀仏《なむあみだぶつ》」

こう口に出して称《とな》えることを、念仏という。

「南無」というのはサンスクリット語のナマスの音写で、「私は帰依《きえ》します」という意味である。阿弥陀仏（阿弥陀如来）は、サンスクリットの原名（アミターバ、アミターユス）にもとづけば、「無量の光と寿命をもつ仏」のことだ。

したがって、「南無阿弥陀仏」と称えることは、「無量の光と寿命をもつ仏」への絶対的な帰依と信仰を表明することであり、この御仏を称嘆することである。しかも、その阿弥陀仏は娑婆《しゃば》世界から西方十万億土の彼方にある極楽浄土《ごくらくじょうど》に住しているというのだから、念仏とはまた、死してのち極楽浄土に生まれ変わって阿弥陀に見《まみ》えることと、すなわち浄土往生を阿弥陀仏に祈り願うことでもあった。

念仏はまた、坐禅、読経《どきょう》、籠山《ろうざん》、戒律《かいりつ》護持など数ある仏教修行のうちのひとつにも位置づけられるのだが、他と比べるならば、それは誰もが実践できる圧倒的に簡便な修行といえるだろう。

阿弥陀聖衆《しょうじゅ》来迎図　阿弥陀仏の前で念仏を称えながら迎えを待つ人の姿が見える（鎌倉時代、国立文化財機構所蔵品統合検索システム）

　こうしたことを踏まえて、「真実の修行は念仏だけであり、他の行は一切必要ない」と説く教えを「専修《せんじゅ》念仏」という。「雑多な行をまじえず、専《もっぱ》ら念仏の一行だけを修めよ。そうすれば浄土往生がかなう」というニュアンスで、一向《いっこう》念仏、一向専修などともいう。

この専修念仏が、鎌倉時代のはじめ、社会に危険な異端的信仰として国家によって糾弾され、禁止されたことがあった。

それは建永《けんえい》二年（一二〇七）二月のことで、後鳥羽《ごとば》上皇の命により、専修念仏を説いていた京都の僧侶たちが捕らえられ、専修念仏禁止が通達されたのである。そして十二名の僧侶が処罰を受けたが、そのうち八名は流罪《るざい》で、残りの四名はなんと死罪を言い渡された。これを「建永の法難」といい、この年の十月に承元《じょうげん》に改元されたことから「承元の法難」ともいう。

事件の背景には、新興の念仏教団を排除しようとした既成の仏教勢力（延暦寺《えんりゃくじ》、興福寺《こうふくじ》など）からの圧力があった。また、この事件には後鳥羽上皇の私怨もからんでいたらしいのだが、それについてはのちほど改めて触れることにしたい。

さて、流罪となった僧侶のひとりが、浄土宗の宗祖、法然《ほうねん》である。このとき七十五歳（以下、人物の年齢表記は原則として数え年）の法然は当時の念仏教団の指導者であり、摂政《せっしょう》・関白《かんぱく》を務めた九条兼実《くじょうかねざね》からも帰依を受ける高僧であったが、土佐（高知県）へ配流《はいる》と決まった。

他の処罰を受けた僧侶もみな法然の門下であったが、その中に当時三十五歳の善信《ぜんしん》房親鸞《ぼうしんらん》の姿があった。親鸞は法然の愛弟子であり、師の教えに傾倒して熱心な専修念仏の徒となっていた。

居多ヶ浜《こたはま》　専修念仏に対する弾圧を受けた親鸞は、小野浦（木浦）から舟で配流先に向かいここに上陸したとされる（新潟県上越市）

親鸞の方は越後（新潟県）へ配流と決まり、僧籍を剥奪されたうえで、「藤井善信《ふじいのよしざね》」という俗名を名乗らされた。そして住み慣れた京都を離れ、師や仲間たちとも別れて、流謫の地へと向かったのである。高齢の法然とはこれが終《つい》の別れとなった。

さほど格は高くはないものの、貴族の生まれであり、かつ九歳で出家した親鸞にとって、還俗《げんぞく》させられたうえに罪人として辺地に流されるというのは大きな挫折であり、屈辱であっただろう。しかし彼はそれでも専修念仏を棄てなかった。それどころか流罪中に信仰・

思想をより一層深化させ、しかも赦免されたのちも都から離れた僻地に留まって、「非僧非俗《ひそうひぞく》」（僧侶でもなく、俗人でもない）という自覚のもとに布教や著述にはげみ、他の法然の門弟たちとは一線を画して、独自の道を歩みはじめる。そしてそれが浄土《じょうど》真宗《しんしゅう》の開教へとつながっていった。

つまり、親鸞の人生の真価が発揮されたのは、流罪以後のことであった。だが、そもそもなぜ親鸞は専修念仏の道を選んだのか。なぜ法然の弟子となったのか。

時間軸をさかのぼって、親鸞の生い立ちをたどってみることにしよう。

親鸞伝の基本史料となった『親鸞伝絵』

親鸞の生い立ちをみる前に、少々ややこしい話になるが、親鸞伝に関する史料の問題について触れておきたい。

親鸞（一一七三～一二六二）の名は、浄土真宗（たんに「真宗」とも呼ばれる）の宗祖として、あるいは鎌倉新仏教の名僧として広く知られている。そして親鸞自身は消息（手紙）も含めて数多くの著述を残し、また弟子によってまとめられた語録である

『歎異抄《たんにしょう》』は現在では古典として広く読まれている。

にもかかわらず、親鸞と同時代の貴族たちの日記にその名が見えないことから、明治時代にはその実在が疑われたことがあった。その疑念がようやく払拭されたのは、大正十年（一九二一）に親鸞の妻恵信尼《えしんに》の直筆書簡『恵信尼消息』が京都の西本願寺《にしほんがんじ》

『御絵伝』（第一幅）　親鸞の曾孫・覚如によって親鸞の伝記絵巻が作成され、それを模写した掛軸形式のものが全国の真宗寺院に広まった。この「御絵伝」は蓮如が関わったもので、滋賀県の赤野井西別院に所蔵されている（室町時代、本願寺史料研究所）

の宝庫で発見されてからのことである。そこには、親鸞の行実が妻の視点で生々しく回顧されていたのだ。

とはいえ、親鸞の生涯・事績に関する確実な史料はきわめて少ない。たしかに親鸞は多くの著作を行ったが、自分の経歴や私生活についてはほとんど触れていない。

そうしたなかで、親鸞の伝記としてこれまで最も重んじられてきたのは、『親鸞伝《でん》絵《ね》』である。これは親鸞の生涯を詞書《ことばがき》と図絵によって書き表した絵巻物で、制作したのは親鸞の曾孫にあたる本願寺第三代覚如《かくにょ》（一二七〇～一三五一）である。

親鸞三十三回忌に合わせて制作された初稿本は永仁《えいにん》三年（一二九五）十月に完成したが、これは失われて現存しない。ただし覚如は初稿本以後も増補改訂を続けながら書写本を複数制作しており、現存最古は永仁三年十月に書写されたもの（本山専修寺《ほんざんせんじゅじ》蔵）とされている。書写本は「善信聖人《しょうにん》親鸞伝絵」（本山専修寺蔵）、「善信聖人絵」（完成年不詳、西本願寺蔵）、「本願寺聖人伝絵」（康永《こうえい》二年〔一三四三〕完成、東本願寺蔵）など、それぞれ異なる標題をもつが、基本的な内容は同じであり、その通称が『親鸞伝絵』あるいは『親鸞絵伝』ということになる。

『親鸞伝絵』のうち、詞書だけを集めたものを『御伝鈔《ごでんしょう》』、図絵だけを集めて掛軸にしたものを『御絵伝《ごえでん》』といい、写本・模本が多く制作されて布教・伝道に用いられた。

覚如は生前の親鸞との交わりはないが、二十一歳のとき、『親鸞伝絵』をまとめるために父覚恵《かくえ》（親鸞の末娘覚信尼《かくしんに》の子）とともに関東地方への旅に出、三年ほどかけて親鸞の遺跡を巡拝し、まだ存命中だった親鸞の遺弟にも会って、偉大な祖師の事績を追ったのだという。


東国系真宗教団によって編まれた親鸞伝もある

『親鸞伝絵』や『御伝鈔』は真宗寺院に広く流布し、親鸞伝の基本的な史料として扱われてきた。

だがその一方で、真宗教団ではこれとは別系統の親鸞伝も編まれ、読まれてきた。それは、本願寺派の実質的な創始者である覚如が編んだ『親鸞伝絵』に対抗する、いわば「もう一つの親鸞伝」である。その中で代表的なものを三つ挙げておきたい。

●『親鸞聖人御因縁《ごいんねん》』
親鸞と、親鸞の弟子真仏《しんぶつ》、真仏の弟子源海《げんかい》の伝記。

真仏は関東布教時代の親鸞の弟子で、下野国高田《しもつけたかだ》（栃木県真岡《もおか》市高田）を拠点として門徒《もんと》集団を形成し、そのリーダーとなった。同地にはのちに専修寺が建てられ、東国真宗教団の最大勢力となった真宗高田派（高田門徒）の本山となった（室町時代に三重県へ移転）。なお、浄土真宗では信者のことを「門徒」という。

源海は真仏の門下であったが、十三世紀後半に武蔵《むさし》国荒木《あらき》（埼玉県行田市荒木）に満福寺を開いて門徒の指導者となり、彼の門流は荒木門徒と呼ばれた。京都市下京《しもぎょう》区の佛光寺《ぶっこうじ》を本山とする真宗佛光寺派は荒木門徒の系譜を引く。

『親鸞聖人御因縁』はこの荒木門徒によって編まれたものと考えられている。正確な成立年代は不明だが、親鸞と真仏の伝記部分は正応《しょうおう》元年（一二八八）～永仁三年（一二九五）頃の成立、つまり覚如の『親鸞伝絵』に先立って書かれていたと考えられるという（塩谷菊美「解題」、『大系真宗史料　伝記編1　親鸞伝』所収）。室町時代初期頃には、内容を増補した『親鸞聖人御因縁秘伝鈔』がつくられている。

●『親鸞聖人正統伝《しょうとうでん》』

真宗高田派の五天良空《ごてんりょうくう》による親鸞伝で、享保《きょうほう》二年（一七一七）に刊行された。良空によれば、下野の専修寺に伝来した史料を編集したものだという。親鸞の年齢ごとの編年体によって記述されていて、読みやすい。江戸時代には広く読まれた。

●『親鸞聖人正明《しょうみょう》伝』

奥書によれば、存覚《ぞんかく》（一二九〇～一三七三）が文和《ぶんな》元年（一三五二）に著した親鸞伝。存覚は本願寺派覚如の長子ながら、高田派など東国系門徒とも交流をもった。ただし、本書の存在が公にされたのは江戸時代のことで、前出の五天良空によって享保六年（一七二一）に板本として刊行された。良空によれば原本は専修寺の宝庫に秘蔵されていたもので、『親鸞聖人正統伝』のソースのひとつに位置づけられている。研究者のあいだでは存覚作に仮託して良空がまとめたもの、つまり江戸時代の偽撰とする見方が優勢のようだが、存覚の真作とする見方もあり（佐々木正氏、梅原猛氏）、近年、注目を浴びている。

本願寺派中心史観への批判

これら三つの親鸞伝は、本願寺派ではなく、高田派など関東・東国系の真宗教団に由来するという点で共通している。

浄土真宗というと、現代では京都の本願寺系教団ばかりに目が行きがちだが、初期の真宗教団において勢力をもっていたのは、むしろ関東在住時代の親鸞から直接教えを受けた門徒たちが組織したグループであった。したがって、彼らが独自に親鸞伝の編纂を行ったのは、当然といえば当然のことであった。

ところが、近代以降になると、関東系真宗教団の親鸞伝は史料としては二流、三流に位置づけられ、あまり顧みられなくなった。真宗の大勢を占めるに至った本願寺派が掲げる『親鸞伝絵』の権勢に屈したという見方もできるだろう。

しかし、これら関東教団系の親鸞伝が注目されるのは、『親鸞伝絵』にはみられない伝承・説話を多く含んでいるという点だ。『親鸞伝絵』との相違は多岐にわたるが、最も目立つのは「玉日姫《たまひひめ》」との結婚だろう。『親鸞聖人御因縁』以下三つの親鸞伝は、法然門下となった若き日の親鸞が、師に命じられて、有力貴族九条兼実の娘玉日姫と結婚したことを記し、親鸞が妻帯に踏み切って在家仏教の創始者となった因縁を説いているが、『親鸞伝絵』には玉日姫はまったく登場しない。

親鸞と玉日姫の結婚が史実であったかどうかという議論は当然あるのだが、このような記述の独自性を踏まえ、また本願寺派中心史観への批判もあって、近年は関東教団系の親鸞伝を再評価する動きがあり、それにもとづく親鸞研究も目立つようになってきている。

しかし、そうした研究・論争を網羅することや、厳密な史料批判を行うことは、およそ筆者の手にあまる作業である。したがって本書では、何はともあれ現在においてもオーソドックスな親鸞伝となっている『親鸞伝絵』（または『御伝鈔』）に原則として依拠しながら親鸞の生涯を追い、必要に応じて『親鸞聖人御因縁』（以下、『親鸞因縁』と略記）、『親鸞聖人正統伝』（『親鸞正統伝』）、『親鸞聖人正明伝』（『親鸞正明伝』）などに書かれた記述も紹介してゆくことにしたい。

なお、『親鸞伝絵』（『御伝鈔』）をはじめ、本書で引用した親鸞関係のテキストは、原則として浄土真宗本願寺派総合研究所のホームページで公開されている『浄土真宗聖典（原典版）』に拠ったが、カタカナを平仮名にする、かなの清音を濁音に改める、句読点を打つ、漢文は読み下しにするなどの処理を適宜行っている。

親鸞の生誕年と父、日野有範

『親鸞伝絵』は親鸞生誕の年を記していないが、承安《じょうあん》三年（一一七三）であることはいくつかの史料から明らかにされている。

親鸞童形像　親鸞生誕の伝承地・日野にある真宗寺院の日野誕生院の境内には童形像がある（京都市伏見区）

たとえば、西本願寺が所蔵する親鸞自筆の六字《ろくじ》名《みょう》号《ごう》に、「康元《こうげん》元年十月二十八日」という揮毫《きごう》した年月日と、「八十四歳」という当時の年齢（数え年）が明記されたものがある。六字名号とは「南無阿弥陀仏」と書かれた掛軸のことで、真宗教団ではこれが本尊となる。康元元年は西暦一二五六年にあたるので、ここから逆算すると、承安三年（一一七三）という生誕年が導かれる。

誕生日を四月一日とする伝承があり、現在の西本願寺はこの日を新暦に換算した五月二十一日に親鸞降誕会《ごうたんえ》を行っているが、四月一日生誕は江戸時代に広まったものであり、確たる根拠があるわけではない。

親鸞の生誕年は平安時代の終わり頃で、後白河《ごしらかわ》法皇と平清盛《たいらのきよもり》が権を競っていた時期にあたる。以仁王《もちひとおう》の平家追討の令旨《りょうじ》が出されたことに呼応して伊豆で源頼朝《みなもとのよりとも》が挙兵するのは、七年後の治承《じしょう》四年（一一八〇）のことだ。災害や戦乱などが続出し、「今の世は、正しい仏法が行われなくなる末法《まっぽう》の世だ」とする末法思想が流行していた時代でもあった。

『親鸞伝絵』によれば、親鸞の父は「皇太后宮大進《こうたいごうぐうのだいしん》」という官職にあった藤原（日野）有範《ありのり》で、藤原氏の鼻祖鎌足《かまたり》の末裔であるという。

皇太后宮大進とは皇太后（先代天皇の后）に関する事務を司った皇太后宮職《しき》という役所の職員のことで、「大進」はその長官である大夫《たいふ》、次官である亮《すけ》につぐ三番目の地位であり、官位は従六位上《じゅろくいじょう》である。したがって、有範は貴族としては中級もしくは下級ということになる（室町時代編纂の諸家系図集『尊卑文脈《そんぴぶんみゃく》』の「内麿《うちまろ》公孫系図」は有範を「皇太后宮権大進《ごんのだいしん》」とする）。

日野家と法界寺

有範はたしかに藤原氏の一員ではあったが、家名としては「日野」を称していた。

日野誕生院・親鸞胞衣《えな》塚　西本願寺の飛び地境内地でもある同院には、親鸞のへその緒を納めた胞衣塚や産湯の井戸がある（京都市伏見区）

日野家は藤原氏北家《ほっけ》内麻呂《うちまろ》の長男真夏《まなつ》の子孫にあたり、山城《やましろ》国宇治《うじ》郡日野（京都市伏見区日野）に資業《すけなり》（九八八～一〇七〇）が法界寺《ほうかいじ》薬師堂を建立したことから、日野を号するようになった。室町時代に八代将軍足利義政《あしかがよしまさ》の妻として、また九代将軍義尚《よしひさ》の母として政治に深く関与した日野富子もこの一族である。日野家は儒道・和歌を家道としたが、ただし有範の家系は嫡流ではなく傍流に属していた。

つまり、親鸞は、名門藤原氏の末裔ではあるが、貴族としては中級程度の家に生まれたということになる。

「親鸞」という名前はもちろん法名である。幼名については松若麿《まつわかまろ》、十八公麿《まつまろ》などとする伝承があるが、定かではない。また、親鸞の法名は、範宴《はんえん》（九歳での出家時）→綽空《しゃっくう》（二十九歳）→親鸞（三十三歳頃）と変遷し、房号は一貫して「善信房」であったとされるが（平雅行『改訂・歴史のなかに見る親鸞』）、本書ではわかりやすさを考慮して、原則として「親鸞」で統一してある。

『親鸞伝絵』は親鸞の母親についてはなんら触れていないが、『親鸞正統伝』は源義《よし》家《いえ》の孫吉光女《きっこうにょ》、『親鸞正明伝』は義家の孫貴光女《きこうにょ》とし、それぞれ受胎にあたって霊夢があったことを記している。つまり、親鸞の母は源氏の女性であったというのだが、吉光女にしても貴光女にしても実在が確認されている人物ではない。ちなみに義家の玄孫が頼朝である。

親鸞の生誕地については、日野家の菩提寺である法界寺がある日野の里と一般に伝えられ、法界寺の隣りには親鸞生誕を顕彰する日野誕生院という浄土真宗本願寺派の寺院が建てられているが、親鸞が日野に生まれたというのはあくまで伝承であり、『親鸞伝絵』にはなんら記載がない。

出家

比叡山に入って官僧となる

九歳の春に出家する

『親鸞伝絵』によれば、親鸞は九歳の春、すなわち治承《じしょう》五年（一一八一）（同年七月に養和《ようわ》改元）の春に、従四位上の位階にあった養父の日野範綱《のりつな》に連れられて、天台宗の高僧慈円《じえん》の坊舎へ行き、出家して「範宴」と号したという。

ここでは、「親鸞はなぜ出家したのか」という根本的な問題はあとまわしにして、まず日野範綱と慈円について簡単に解説しておきたい。

日野範綱は親鸞の父有範の兄、つまり親鸞の伯父であった。後白河法皇の近臣であったので、平清盛が後白河を制して覇権を握っていた時期は苦渋をなめたとみられるが、治承五年閏《うるう》二月、つまりちょうど親鸞が出家した「春」（旧暦で一～三月）に含

出家学道　慈円のもとで出家得度した様子が描かれている（『御絵伝』第一幅第一段、本願寺史料研究所）

まれる時期に清盛が没し、後白河の院政が再開されている。この時期の範綱の眼前には久々に光がさしていたのではないだろうか。

その範綱が親鸞の養父となっていたのはなぜか。かつては、「親鸞の実父有範が早世したため、範綱が父親代わりとなっていたのだ」と考えられていて、『親鸞正明伝』は有範だけでなく親鸞の母親も早世したと記している。

しかし、近年ではこの見方は支持されていない。昭和戦後に、親鸞の弟で、僧侶になっていた兼有《けんう》が有範の中陰《ちゅういん》の供養を行ったことを証する文書が西本願寺で見つかり、兼有が僧侶としてそれなりのキャリアを積む年齢になるまで有範が存命していたことが確実となったからだ。兼有の生年は不詳だが、親鸞九歳時はまだ幼年であったはずであり、だとすれば、少なくともこの時点では有範が亡くなっていたはずはない。

にもかかわらず、なぜ範綱が親鸞の養父となり、出家の付き添いを務めたのか。「少しでも官位の高い人物に引率されたほうが、僧侶としての出世が見込めるから」という見方もできるが、実父有範の影の薄さは、親鸞出家の背景に暗い事情があったことを想像させてならない。この問題は「なぜ、親鸞が出家したのか」という問題につながってくるので、のちほど改めて触れたい。

親鸞の師、慈円

次は親鸞出家の師となった天台僧慈円である。

慈円は摂政・関白を務めた藤原忠通《ただみち》の子で、久寿《きゅうじゅ》二年（一一五五）の生まれ。源平合戦期に政界の中枢に身を置いて摂政（一一八六〜九二）・関白（一一九一〜九六）を歴任し、かつ政界引退後は法然に深く帰依した九条兼実は、同母兄である。

慈円は永万《えいまん》元年（一一六五）、十一歳のときに比叡山《ひえいざん》延暦寺に入り（入室《にっしつ》）、覚快法《かっかいほっ》親王《しんのう》（鳥羽《とば》天皇皇子）の弟子となる。仁安《にんあん》二年（一一六七）に出家し、当初は道快と称して密教を学んだ。養和元年（一一八一）に慈円と改名。建久《けんきゅう》三年（一一九二）、三十八歳のときに天台座主《ざす》（延暦寺のトップ）に就任し、後鳥羽天皇の護持僧《ごじそう》となった。関白兼実の後押しもあったのだろう。この後にも、慈円は三度、天台座主に任じられており、晩年まで仏教界の重鎮として活躍し、政界にも影響力をもった。嘉禄《かろく》元年（一二二五）に七十一歳で病没。歌人としても名高く、また歴史書『愚管抄《ぐかんしょう》』を著している。没後に慈鎮《じちん》和尚の名を贈られている。

つまり、摂関家出身の慈円は天台宗の本拠である比叡山延暦寺きっての高僧であり、九歳の親鸞はこの高

慈円　旧仏教から反発のあった法然や親鸞を監督・指導する立場にあった（『国文学名家肖像集』国立国会図書館）

青蓮院門跡　天台宗三門跡寺院の１つとして格式を誇ってきた（京都市東山区）

僧を師として延暦寺に入り、修行僧となったのである。

慈円が青蓮院の門主も務めてこれを大きく発展させたためか、現在は京都市東山区粟田口《あわたぐち》に所在する青蓮院《しょうれんいん》で親鸞は出家したといわれることが多い。しかし、『親鸞伝絵』は親鸞が連れて行かれた場所について慈円の「貴房（住房）」と記すのみで、そこが青蓮院であったと記しているわけではない。

しかも、親鸞が出家した治承五年（一一八一）の時点では、青蓮院は、比叡山上の延暦寺東塔《とうどう》と、山下の三条白川《さんじょうしらかわ》（ほぼ青蓮院の現在地）の双方に所在していた。この時代には延暦寺の高僧は山下の住房に常住することが恒例化しつつあり、その影響で、山上の青蓮院に付属するかたちで、山下にも青蓮院の坊舎（里坊《さとぼう》）が設けられていたのだ。そして後年、山上の青蓮院は衰退し、山下の青蓮院だけが残り、現在に至っている。

したがって、親鸞が尋ねたのが、山下の青蓮院（里坊）ではなく、山上の青蓮院（本坊）であった可能性もないわけではない。

さらにいえば、養和元年時点では慈円はまだ青蓮院の門主ではなかった。ただし、当時の慈円が、門主ではないにしても、青蓮院に出入りしていた可能性は充分考えられるので（慈円の師覚快は青蓮院第二世門主でもあった）、親鸞が訪ねたのがやはり青蓮院であった可能性は高い。

なお、中世仏教史を専門とする歴史学者の平雅行氏によれば、親鸞の時代を含む中世においては、正式な僧侶になるには、①入室（師の坊への弟子入り）、②出家（剃髪して沙弥《しゃみ》〔見習い僧〕となる。得度《とくど》ともいう）、③受戒《じゅかい》（延暦寺または東大寺の戒壇で戒律の遵守を誓約）という三つのプロセスを踏む必要があったが、九歳の親鸞が行ったのは入室と出家であり、受戒は十歳以降と考えられるという（『改訂・歴史のなかに見る親鸞』）。

ただし平氏は、親鸞が高名な慈円を師として出家したとする『親鸞伝絵』の記述は覚如が親鸞と自身を権威づけるために行った創作であり、親鸞が九歳で出家したのは事実だが、実際の師は慈円とは別の延暦寺僧だったはずだ、と主張している。傾聴すべき見方である。

一族の不運が親鸞出家をもたらしたのか

さて、一番の問題は「なぜ親鸞は出家したのか」である。

親鸞出家の理由について、『親鸞伝絵』はこう記している（上・第一段）。

「（親鸞は）朝廷に仕えていれば出世し、御所《ごしょ》に出入りして、栄華を得ることができる人であったが、仏法興隆の因が心にきざし、衆生《しゅじょう》救済の縁も生じたので」（朝廷につかへて霜雪《そうせち》をもいただき、射山《やさん》にわしりて栄華をもひらくべかりし人なれども、興法《こうぼう》の因うちにきざし、利生《りしょう》の縁ほかにもよほししによりて）

要するに「因縁によって仏道に進んだ」というわけだが、これでは具体的な理由の説明になっていない。かといって、九歳の子供が、明確に自分の意思で出家を志したということは、考えにくい。

親鸞出家の具体的な理由についてはさまざまな説が唱えられているが、しばしば注目されるのは、親鸞の祖父（有範・範綱兄弟の父）、経尹《つねまさ》の存在である。

室町時代編纂の『尊卑分脈』の貞嗣《さだつぐ》卿孫（藤原南家）系図には、親経《ちかつね》の養子として経尹の名が見え、彼は従五位下にまで任じられたようだが、系図は彼についてわざわざ「放埒《ほうらつ》の人也」という注記を施している。身勝手な振る舞いをして何らかの咎めを受けたことを暗に示しているのだろう。このことから、歴史学者の平松令三氏は「（経尹の子の）有範にも同じような『放埒』の血が流れていて、政界官界から追放されるようなよからぬ出来事があったのかもしれない」（『親鸞』）と記し、これによって生活の資を絶たれたために子を僧侶にしたのでは、と指摘している。

三室戸寺　本堂の東にある阿弥陀堂は、親鸞の父・日野有範の墓の上に建てられたと伝えられている（京都府宇治市）

　ちなみに、本願寺第八代蓮如《れんにょ》の十男実悟《じつご》が

まとめた「日野一流系図」（一五四一年成立）によれば、親鸞の弟四人は全員出家して僧侶となっており、さらに奈良県の名称寺《みょうしょうじ》に伝わっていた「日野氏系図」によれば、父親の有範も建暦《けんりゃく》二年（一二一二）に出家し、二年後に七十二歳で亡くなったという。同系図の成立年代は不詳だが、有範を含む部分は鎌倉時代末期頃の成立と考えられている。

また、親鸞の母が源氏一族であるという伝承があることは先に記したが、このことに依拠して、親鸞出家の前年である治承四年（一一八〇）に以仁王・源頼政《みなもとのよりまさ》による平家追討の挙兵が失敗に終わったために、源氏寄りの有範一家は悲境に追い込まれ、有範は入道し、そのあおりで息子の親鸞も出家することになったのではないか、とする見方もある（赤松俊秀『親鸞』）。

皇太后宮大進としての有範が仕えた皇太后とは、後白河法皇の后藤原忻子《きんし》であったが、後白河は治承三年に平清盛によって鳥羽殿《とばどの》に幽閉されたりして一時院政を停めさせられたため、忻子は地位が不安定になり、有範も役職を続けることが難しくなって引退したのではないか、とする見方も出されている（岡村喜史『日本史のなかの親鸞聖人』）。もしそうだったとすれば、このことが親鸞出家の遠因となった可能性もあろう。

これらの説は親鸞の父有範が官途から外れたことを親鸞出家の背景にみているが、少年親鸞が伯父範綱を養父とし、範綱の後見のもとで出家しなければならなかった事情もこのあたりに見出すことができるのではないか。

いずれにしても、少年親鸞はみずからの意思によって仏道を歩みだしたのではなく、周囲の大人たちの意向や社会の混乱が彼を仏道に歩ませるように仕向けた、ということになろうか。

比叡山での修行時代

日本仏教の母山で学ぶ

官僧の養成・教育機関だった延暦寺

出家した少年親鸞は、ほどなく比叡山に上って延暦寺に入った。

延暦寺は、天台宗の総本山として、また日本仏教の母山として発展してきた大寺院である。

比叡山は京都府と滋賀県にまたがる山地で、大比叡《だいひえ》（標高八四八メートル）、四明《しめいが》岳《だけ》（標高八三八メートル）を主峰とする。延暦七年（七八八）、この山地の一角に、のちに日本天台宗の祖師となった最澄《さいちょう》が一乗止観院《いちじょうしかんいん》という小堂を建て、薬師如来を安置した。これが延暦寺のルーツである。

以後、山上にはいくつもの堂塔伽藍《どうとうがらん》が建ち並ぶようになり、それらが「延暦寺」と総称されるようになる。広大な寺域は東塔・西塔《さいとう》・北塔《ほくとう》（横川《よかわ》）と呼ばれる三つのエリアに区分けされたが、これを「三塔」と総称する。「塔」の字がつくのは、それぞれの区画の中心に、天台宗が所依とする『法華経《ほけきょう》』を安置する宝塔の建立が計画されたことに由来している。

最澄は延暦寺で国家に有用な真の菩薩僧《ぼさつそう》を養成することをめざし、修行僧に対しては十二年間、比叡山内に籠って修行・学問に専念することを課した。

ここで古代日本の僧侶制度について若干触れておくと、古代日本において僧侶は国家公務員のような性格をもち、正規の僧侶すなわち官僧《かんそう》になるためには国家の認可を必要とした。古代律令《りつりょう》制のもとでは、正式な出家・得度を果たすためには、まず所定の用件を満たしたうえで試験に合格し、朝廷から「度牒《どちょう》」または「度縁《どえん》」と呼ばれる公文書が交付されなければならなかった。そのうえでさらに寺院で修行を積み、僧団の規範である戒律の遵守を誓う儀礼である「受戒」を果たすと、一人前の官僧になることができた。

受戒は「戒壇」という寺院の施設で行われるが、奈良時代まで、国家が認める正式な戒壇があるのは、奈良の東大寺、筑前《ちくぜん》の観世音寺《かんぜおんじ》（福岡県太宰府市）、下野の薬師寺

(栃木県下野市)の三カ寺だけであったが、平安時代になって最澄の尽力によってこれに加えられたのが、延暦寺であった。

しかも延暦寺には、前述したように、出家・受戒した僧侶が十二年ものあいだ籠山《ろうざん》行《ぎょう》を修めて仏道に研鑽する制度が設けられていた。

つまり、延暦寺とは、たんなる天台宗の大寺院ではなく、国家公認のもとで優秀な官僧を養成する教育機関でもあった。

そして大寺院で養成された官僧に国家が期待したのは、玉体安穏《ぎょくたい》・鎮護国家・五穀豊穣などへの祈りを行うこと、つまり国家的な祈禱《きとう》への従事だった。

したがって、多くの官僧を輩出し、擁する延暦寺は国家権力と不可分の関係をもつことになり、延暦寺のトップである天台座主の任命権は朝廷が握った。

世俗化が進んでいた中世の延暦寺

国家権力との癒着はやがて、延暦寺の世俗化をうながすことにつながった。

たとえば、十世紀頃からは皇族や有力貴族の子弟が多く延暦寺に入るようになったが、このことは僧侶たちのあいだに門閥を生み、階層を生じさせる要因となった。具体的には、僧侶たちは、「学」の研鑽を本務として経論の学習や法会《ほうえ》の運営にあたる学侶《がくりょ》と、「修行」を本務とする堂衆《どうしゅ》（行人《ぎょうにん》）に大別されたが、このうちの堂衆は、良家の子弟が多くを占める学侶の下位に置かれ、寺内の雑務に携わったのである。

『天狗草紙』（模本）　描かれているような僧兵は中世の興福寺や延暦寺では多く見られた（鎌倉時代のものを江戸時代に模写、国立文化財機構所蔵品統合検索システム）

こうした世俗化にあわせて、延暦寺や興福寺などの大寺院では武装した僧侶、いわゆる僧兵が出現するようになり、院政期（十一世紀末〜十二世紀頃）以降には寺院間や寺院内の抗争、あるいは朝廷への強訴《ごうそ》の際に大きな役割を担って寺院勢力の枢要を占めるようになる。ちなみに、「僧兵」という用語は江戸時代から使われだしたもので、中世においては彼らは「衆徒《しゅうと》」「大衆《だいしゅ》」などと呼ばれた。

また、仏教界全体で戒律が軽視されるようになり、僧侶たちのあいだでは女犯や男色が横行するようになった。最澄が制定した延暦寺の十二年籠山行は空文化していた。

また院政期以降の、つまり中世の大寺院は、有力貴族の次男・三男たちが僧侶として出世して高い官位を得るための就職先という面ももち（親鸞の師であった慈円はその代表的な例）、そこでは王朝貴族社会とパラレルなもう一つの世俗社会が形成されていた。

これらのことは、十世紀頃から律令制が形骸化して官僧制度自体が形骸化・世俗化したことや、延暦寺をはじめとする中央の大寺院が荘園などのかたちで広大な寺領を所有するようになり、経済が潤沢になったこととも深く連動している。

これが、親鸞が出家した当時の日本仏教界の現状であり、延暦寺の現状であった。

比叡山で天台宗を修め、観想念仏も学ぶ

九歳で出家した親鸞は、二十九歳まで延暦寺内で暮らし、仏教の修学と研鑽にはげむことになった。その二十年間はきわめて多感な青少年期にあたる。当然、彼の人生の骨格を形成する意義深い出会いや体験、学びが数多くあったはずだが、『親鸞伝絵』はこの二十年間について、わずかに次のように記すのみである。

「しばしば南岳天台《なんがくてんだい》の玄風《げんぷう》をとぶらひて、ひろく三観仏乗《さんかんぶつじょう》の理を達し、とこしなへに楞厳横河《りょうごんよかわ》の余流をたたへて、ふかく四教円融《しきょうえんゆう》の義にあきらかなり」（上・第一段）

「南岳天台」とは、中国天台宗の第二祖である南岳慧思《えし》と、第三祖の天台大師智顗《ちぎ》のことである。「三観仏乗」とは空・仮《け》・中という三つの真理を観じる天台宗の観法のこと、「楞厳横河」については後述するとして、「四教円融」とは天台宗において蔵・通・別・円に分別される釈迦の教説を融和融即させること。要するに、「親鸞は比叡山で天台宗の高度な瞑想法を修め、難解な教義を学んだ」というごく当たり前のことが書かれているにすぎず、具体的な説明はなきに等しい。この文章は祖師の若き日の行実に対する美辞麗句のようなものである。

ただし、注目したいのは「楞厳横河の余流をたたへて」の箇所である。これは、比叡山延暦寺三塔の一つで、首楞厳院（横川中堂《よかわちゅうどう》）が建つ横川に住んだ源信《げんしん》（恵心僧都《えしんそうず》）が説いた浄土教を、親鸞が深く学んだことを示していると考えられる。

浄土教とは、端的にいえば、阿弥陀仏の仏国土である極楽浄土に往生して成仏することを説く教えで、『無量寿経《むりょうじゅきょう》』『観無量寿経《かんむりょうじゅきょう》』『阿弥陀経《あみだきょう》』からなる浄土三部経を根本経典とする。源流はインドにあるが、中国で発展し、唐《とう》代の善導《ぜんどう》（六一三〜六八一）が大成した。そして善導は、「南無阿弥陀仏」と声に出して称える念仏（称名念《しょうみょう》仏、口称《くしょう》念仏）を浄土往生の行として勧めて、浄土教の特徴に位置づけた。ちなみに、初期大乗仏教では阿弥陀仏以外にも諸仏ごとに浄土の存在が説かれたが、阿弥陀信仰の流行にともなって、浄土といえば阿弥陀仏の浄土（極楽浄土）を指すようになったのである。

その浄土教に傾倒したのが源信であった。源信は親鸞が生まれる五十年以上前に没した延暦寺僧だが、世俗化・貴族化が進んだ比叡山の天台教団に批判的で、横川に隠棲して写経と観行《かんぎょう》、著作に没頭した。比叡山に浄土教を広めたことでとくに知られ、念仏による浄土往生の道を説いた。代表的な著作である『往生要集《おうじょうようしゅう》』は、浄土教に関する百科全書的な内容をもつ。

ただし、ここで重視されている念仏は、称名念仏ではなく、阿弥陀仏の姿を精緻に頭の中にイメージすること（観念念仏、観想念仏）であり、瞑想行的な色合いが濃い。やや話が逸れるが、「念」は辞書的には「心の中で思う」というような意味だが、仏教語としての「念」はサンスクリット語のスムリティ、パーリ語のサティにあたり、いわゆる「気づき」のことで、サティの英訳がマインドフルネスである。

延暦寺では、はやくから天台教学だけでなく密教（台密《たいみつ》）も重んじられたが、源信が活躍した十世紀末以降には横川を中心に浄土教への関心も高まっていた。したがって親鸞は、延暦寺にて浄土教の基礎、念仏の基礎を学び修め、このことがのちの専修念仏への帰依につながったと考えることもできる。

常行堂の堂僧も勤めて不断念仏を修していた

延暦寺では、源信とは別に、はやくから念仏を重視する流れがあった。最澄の弟子円仁《えんにん》の時代に確立された、念仏を取り込んだ修行が実践されていたからだ。

その修行法は天台大師智顗が『摩訶止観《まかしかん》』において説いたもので、「四種三昧行《ししゅざんまいぎょう》」という。①常坐《じょうざ》三昧、②常行《じょうぎょう》三昧、③半行半坐三昧（法華《ほっけ》三昧）、④非行非坐三昧の四種からなり、大ざっぱにいえば、仏堂にこもり、何十日、何カ月をサイクルとして坐禅や行道《ぎょうどう》、念仏などをひたすら繰り返すという修行であり、これによって「三昧」、すなわち悟りの境地に達することが目指された。

このうち念仏と深く関係するのは②の常行三昧で、修行僧は九十日間を一期として本尊阿弥陀仏の周囲をめぐりつづけ、同時に口称念仏と観念念仏を修しつづける。

この常行三昧を行じるために建てられたのが、常行三昧院または常行堂である。現在の延暦寺には西塔にのみ常行堂があるが、親鸞の時代には東塔や横川にも常行堂があり、それぞれで常行三昧が行じられていた。比叡山の常行三昧にちなんで、天台宗の念仏は「山の念仏」と呼ばれる。この念仏は、浄土往生ではなく、成仏もしくは滅《めっ》罪《ざい》を目的とした行法であったところに特徴がある。

比叡山時代の親鸞は、この常行堂で念仏行に励んでいたのではないか、とする説がある。この説の根拠となっているのは、親鸞の妻恵信尼の書状『恵信尼消息』である（以下、『恵信尼消息』収録の書状の通し番号は、『浄土真宗聖典（原典版）』所収のものの表記に従った。なお、『恵信尼消息』は消息八通、譲状《ゆずりじょう》二通の計十通があるが、『浄土真宗聖典（原典版）』は消息八通のみを『恵信尼消息』として収録している）。

恵信尼は、親鸞遷化《せんげ》後に娘の覚信尼へ送った書状（第一通）のなかで、比叡山時代の親鸞にふれて、「殿のひへのやまにだうそうつとめておはしましけるか」と記している。これは「殿（親鸞）は比叡山で堂僧《どうそう》を勤めていましたが」という意味である。

このなかの「堂僧」について、かつては、先にも触れた「堂衆」（雑役に従事した下級僧侶）のことと解されていた。だが、明治から昭和初期にかけて活躍した仏教史学者の山田文昭《ぶんしょう》氏が「堂僧は常行堂に住した僧のことをさし、堂衆のような身分の低い僧侶のことではない」と指摘してからは、これが定説となっている。ただし、常行三昧堂の堂僧が行じたのは、正しくは、常行三昧ではなく、それよりも行じる期間が短い（三〜七日間）、不断《ふだん》念仏であったという。

もし、親鸞が不断念仏を行う堂僧であったのなら、彼が住する常行堂が所在したのは、『親鸞伝絵』が示唆するところによれば、延暦寺の横川であっただろう。

源信の教えを学んだり、常行堂の堂僧を勤めたりしていたというのが、親鸞自身の意思によるものであったのか、それとも延暦寺の修行システムのなかに組み込まれていたものであったのかは、わからない。しかし、史料の断片からは、延暦寺修行時代にすでに念仏と深い関わりをもっていた親鸞の姿が浮かび上がってくる。

延暦寺西塔・常行堂　左が常行堂。右の法華堂とは渡り廊下でつながっている（滋賀県大津市）

六角堂夢告と吉水入室

比叡山を下り、観音の夢告を受ける

山を下り、法然を訪ね、六角堂で観音の示現に遭う

建仁《けんにん》元年（一二〇一）、二十九歳になっていた親鸞は、ある大胆な行動に出た。延暦寺を出て、比叡山を下りたのである。

それは、天台宗の修学を満了して布教伝道におもむく、というような円満的な行動などではまったくなかった。親鸞は、形骸化・世俗化した延暦寺の仏法では人びとを救うことはできないとさとり、延暦寺の官僧という地位を放棄して、出奔したのである。

そして山を下りると、当時、京都東山《ひがしやま》の吉水《よしみず》（現在の円山公園の東にある安養寺付近）に禅房をかまえて、天台宗を含む既存の仏教を否定する専修念仏の教えを説いて

吉水入室　黒衣黒袈裟の法然が奥に座している（『御絵伝』第一幅第二段、本願寺史料研究所）

いた法然のもとに参じ、その弟子となったのだ。さらにまもなく（もしくはほぼ同時期に）、観音から啓示を受けるという神秘体験をする。

このときの出来事の時系列についてはややこしい問題があるのだが、まずは『親鸞伝絵』に沿って概説しておこう。

建仁元年の春（一〜三月）、二十九歳の親鸞は隠遁の志をもって山を下り、吉水の法然の禅房を訪ねた。それは、末法の世では難行《なんぎょう》自力《じりき》の仏法は修しがたいので、易行《いぎょう》他力《たりき》の道を志したためであったという。そして、「阿弥陀仏の本願の行である称名念仏だけが真実の行であり、ひたすら南無阿弥陀仏と称えつづければ、誰もが救われて極楽浄土に往生できる」と説く法然の専修念仏の教えに感銘し、弟子となる（『親鸞伝絵』原文は、親鸞二十九歳の吉水入室を建仁三年のこ

聖徳太子二王子像（模本） 太子信仰は奈良時代に皇族や僧侶の間で広まり、中世には一般人にまで広まった（奈良時代のものを江戸時代に模写、国立文化財機構所蔵品統合検索システム）

ととしているが、承安三年〔一一七三〕生まれの親鸞が二十九歳なら建仁元年のはずであり、したがって、これは元年の誤記と考えられている）。

　そして同じ年の四月五日の夜明け、京の町中にある六角堂《ろっかくどう》に参籠《さんろう》していた親鸞の夢に、救世《くせ》観音が示現《じげん》した。

　六角堂は正式には頂法寺《ちょうほうじ》といい、大阪四天王寺《してんのうじ》建立のための材木を求めてこの地にやって来た聖徳太子が念持仏《ねんじぶつ》の如意輪観音《にょいりんかんのん》像を安置したことにはじまると伝えられている。平安時代中頃からは観音信仰の高まりとともに多くの参詣者でにぎわうようになり、貴族だけでなく一般庶民の信仰も集めた。観音の霊験《れいげん》を得ようと参籠する信者も多くいたらしい。

六角夢想　右側には百蓮華の台座に座す救世観音に手を合わせる親鸞が描かれている（『御絵伝』第一幅第三段、本願寺史料研究所）

次に、親鸞の前に示現した救世観音についてだが、古くからこれを聖徳太子と同一視したり、太子をこの観音の化身とみなす信仰があった。救世観音像としては、法隆寺夢殿《ゆめどの》の太子等身の御影《みえい》と伝える立像が有名だが、四天王寺本尊の菩薩半跏《ぼさつはんか》像も救世観音と呼ばれており、その形像は一定していない。また、如意輪観音には二臂《ひ》のものと六臂のものの二種があるが、救世観音を二臂の如意輪観音と同一視する信仰もあった。つまり、聖徳太子＝救世観音＝如意輪観音という等式が成り立つ。

したがって、六角堂での親鸞の夢に現れた救世観音には、六角堂本尊にして救世観音と同一視された如意輪観音や、六角堂創建者であり救世観音の化身とされた聖徳太子の姿も、重ねられていたと考えることができる。

ちなみに、如意輪観音は観音菩薩（観世音菩薩）の変化《へんげ》の一であるが、『無量寿経《むりょうじゅきょう》』によれば、観音菩薩は勢至《せいし》菩薩とともに阿弥陀仏の脇侍《きょうじ》を務め、阿弥陀仏を補佐する菩薩とされる。親鸞への観音の示現は、親鸞がこののち阿弥陀信仰を基盤とする念仏の道に傾倒してゆくことの予示であったともいえよう。

観音から「女犯偈」を授かる

示現した観音は親鸞にまず次の偈を告げた。

「行者宿報設女犯《ぎょうじゃしゅくほうせちにょぼん》（行者宿報にて設《たと》ひ女犯すとも）
我成玉女身被犯《がじょうぎょくにょしんひほん》（我れ玉女の身となりて犯《ほん》せられん）
一生之間能荘厳《いっしょうしけんのうしょうごん》（一生の間能《よ》く荘厳して）
臨終引導生極楽《りんじゅういんどうしょうごくらく》（臨終に引導して極楽に生ぜしめん）」

「女犯偈《にょぼんげ》」とも呼ばれるこの偈を意訳すると、「あなたがたとえ因縁によって女犯におよぶことがあっても、私が身代わりとなって抱かれよう。そして一生のあいだ包み守り、臨終にあたっては極楽浄土に導いてあげよう」となる。

女犯偈を示した観音はさらにこう告げる。

「これは私の誓願である。親鸞よ、この誓願の趣旨を広く伝えて、一切の衆生《しゅじょう》に説き聞かせなさい」（これはこれわが誓願なり、善信この誓願の旨趣《ししゅ》を宣説《せんせち》して一切群生《いちさいぐんじょう》にきかしむべし）

これを聞いた親鸞が後ろを振り返り、堂正面から東側を見ると、そこには峨々《がが》たる山脈がそびえ、高山の上には無数の人びとが集まっていた。そこで、観音のお告げにあったように、誓願として示された偈の意味をその人びとに説き聞かせた。それが終わったかと思うと、親鸞の夢は覚めた。

『親鸞伝絵』の六角堂の夢告にまつわる話は「六角夢想」とも呼ばれるが、親鸞自身が記した文書『親鸞夢記《むき》』をもとにしているとされている。親鸞自筆の『親鸞夢記』は伝わっていないが、本山専修寺には、親鸞の弟子真仏がそれを書写したものとされる文書（「親鸞夢記云」）が残されている。

そして『親鸞伝絵』では、この箇所の続きで、「親鸞が六角堂で見た夢は、救世観音の化身にして日本仏教の教主である聖徳太子に導かれて、親鸞が東国に布教し、それによって念仏の教えが隆盛にいたることの予言であったのだ」というような説明がなされている。

ただし、女犯偈は、素直に読むならば、性欲に悩む修行者へ向けた観音からの救いの言葉に映る。そのため、六角堂の夢告は若き日の親鸞が性欲や破戒の問題に懊悩していたことを表しているのではないか、とする見方も根強くある。

「六角堂夢告」→「吉水入室」と記す恵信尼の手紙

ところが、この『親鸞伝絵』の描写とは反対に、まず最初に「六角堂の夢告《むこく》」があり、それをきっかけとして親鸞は法然のもとを訪ねて門下となった、と記す史料がある。

それが『恵信尼消息』である。先にも一部を引用した、親鸞没の翌年である弘長《こうちょう》三年（一二六三）二月十日付で越後在の恵信尼が京の覚信尼へ書き送ったものとみられる書状（第一通）には、親鸞が比叡山を出たときのことが、細かく書かれている。

「比叡山を出て、六角堂で百日参籠を行って、後世《ごせ》（来世の安楽）のことをお祈りになったところ、九十五日目の明け方、聖徳太子が文《もん》を結んで示現されました。やがてその明け方のうちに六角堂を出られて、後世が救われるような縁に遭いたいものだと、尋ねてゆくと、法然上人にお会いになりました。それからまた六角堂で百日参籠をお続けになりました」（やまをいでて、六かくだうに百日こもらせ給《たまい》て、ごせをいのらせ給けるに、九十五日のあか月、しやうとくたいしのもんをむすびて、じげんにあづからせ給て候《そうろう》ければ、やがてそのあか月、いでさせ給て、ごせのたすからんずるえんに、あいまいらせんと、たづねまいらせて、ほうねん上人に、あいまいらせて、又六かくだうに百日こもらせ給て候けるやうに）

六角堂　境内には親鸞の「夢想之像」とともに、比叡山から六角堂へ向かう姿である「草鞋の御影」も安置されている（京都市中京区）

恵信尼はこの話を、生前の親鸞から聞かされていて、よく覚えていたのだろう。

これによると、延暦寺を出た親鸞はまず六角堂に入って百日間の参籠に挑んだ。すると九十五日目に聖徳太子が「文を結んで」示現した。繰り返しになるが、聖徳太子は救世観音の化身と信じられたので、聖徳太子の示現は、『親鸞伝絵』と同じように、救世観音の示現としてとらえても差し支えないだろう。難しいのは「文を結んで」の解釈だが、歴史学者の赤松俊秀氏は、これを「行者宿報設女犯」ではじまる例の女犯偈が与えられたこととみている（『親鸞』）。つまり、『親鸞伝絵』と同じように、示現した聖徳太子＝観音が女犯偈を親鸞に示したことを恵信尼は記しているというのである。

そして、観音示現という神秘体験のあとに、吉水の法然と邂逅したのだという。一方で、六角堂参籠も継続したらしい。

ともかく、『親鸞伝絵』では「吉水入室」→「六角堂夢告」という時系列になっているが、恵信尼が記憶する親鸞本人談ではその逆で、「六角堂夢告」→「吉水入室」となっている。

親鸞の人生において非常に重要な場面だが、どちらの流れが正しいのだろうか。恵信尼はくだんの消息を書いたとき八十二歳という高齢であったので、記憶が混乱していた可能性もあるだろう。

「六角堂参籠」→「吉水入室」→「六角堂夢告」とする『親鸞正明伝』

親鸞出奔の経緯について、『親鸞伝絵』とも『恵信尼消息』とも異なる説明をする史料もある。それが『親鸞正明伝』で、同書によれば、親鸞は基本的には「吉水入室」→「六角堂夢告」という経過をたどったが、ただし、吉水入室前にすでに親鸞は六角堂に入り、百日参籠をはじめていたのだという。

延暦寺東塔・大乗院　現在も親鸞修行時の護持仏と言われる鉈彫りの阿弥陀像と、聖人身代り伝説のある「そば喰いの木像」が安置されている（滋賀県大津市）

　このあたりの『親鸞正明伝』の記述を要約すると、次のようになる。

〈延暦寺で修行を続けていた親鸞は二十八歳時の冬、東塔無動寺谷《むどうじだに》の大乗院に二十一日間参籠した。すると結願《けちがん》の前夜に如意輪観音が示現し、「汝の願いは今まさに成就しようとしている。我が願いもまた成就する」と告げた。親鸞は歓喜の涙にむせび、翌年の正月から如意輪観音を本尊とする六角堂に百日間、日参することを思い立った。

年が明けて建仁元年（一二〇一）正月十日、すなわち二十九歳のとき、親鸞は誓願にしたがって六角堂百日参籠をはじめた。ただし、その参籠は堂内にこもりっきりになるというものではなく、夜が明けると比叡山に戻り、夕方に再び山を下りて六角堂に入るという、日参を繰り返すものであった。

ところがある日、日参の途次に、親鸞はたまたま先輩僧の聖覚《しょうかく》と出会った。聖覚はもとは優秀な延暦寺僧であったが、法然の門に入り、弟子となっていた。

親鸞は聖覚から法然がすばらしい教えを説いていることを聞き知ると、三月十四日、吉水の法然を訪ねた。そして法然が説く他力易行・専修念仏の道に深い感銘を受け、法然の門弟となり、「綽空」という名前を与えられた。

法然に入門した後も、六角堂への百日参籠はまだ日数が残っていたので、親鸞は休みなく毎日通い続けた。すると四月五日の明け方、ついに霊夢を授かり、救世観音が示現して、親鸞に女犯偈を告げた〉

六角堂参籠以前にも観音から夢告を受けていた？

ここでまず目を惹くのは、親鸞が、六角堂での夢告以前に、もう一つの夢告を観音から受けていたことだ。六角堂夢告の前年の暮れ、二十八歳のときに延暦寺大乗院に参籠したことによって如意輪観音の示現に遭い、夢告を受け、それが六角堂参籠のきっかけになったというのである。これは『親鸞伝絵』にも『恵信尼消息』にもみられない独自の記述である。

そして、これを読むかぎりでは、どうやら親鸞は、比叡山を出奔して延暦寺と訣別したうえで六角堂参籠をはじめたわけではなかったらしい。比叡山から日参するというかたちで参籠を続けていたからだ。ところが、その日参のなかで、かつての先輩僧を通じてたまたま法然と出会い、その教えに強く魅了され、ほどなく六角堂で夢告を得る。こうして親鸞は延暦寺を出る決意を固め、法然に本格的に師事することになった。この流れは、ある意味では事態が漸次的に展開するごく自然なプロセスであり、説得力をもつ。

付け加えておくと、『親鸞正明伝』は、親鸞が十九歳のときには聖徳太子から夢告を受けていたことも記している。

『親鸞正明伝』によると、建久二年（一一九一）、法隆寺で因明《いんみょう》（仏教論理学）を学ぶことになった親鸞は、師慈円の許可を得ていったん比叡山を下りた。そして法隆寺で七十日間ばかり学習すると帰途についたが、その途次、河内《かわち》国磯長《しなが》（大阪府南河内郡太子町）の聖徳太子廟に立ち寄り、三日間の参籠を行った。聖徳太子をかねて賛仰《さんぎょう》していたからだろう。すると二日目の深夜、聖徳太子が石の扉を開けて廟窟《びょうくつ》から姿を現し、「汝の命はあと十年ばかりだが、命が終われば浄土に入る。真の菩薩を信ぜよ」などと告げたという。

磯長墓　叡福寺の北側には聖徳太子の墓所とされる叡福寺北古墳（磯長墓）がある（大阪府南河内郡太子町）

　そしてこの夢告から十年目の二十八歳のとき、先に記したように、親鸞は延暦寺の大乗院で如意輪観音の示現に遭い、翌年には法然と出会って門下となり、専修念仏の道を歩みはじめる。さらにいえば、次章で詳述するが、『親鸞正明伝』が記すところによれば、この二十九歳時に親鸞は「結婚」をするのだ。人生におけるこの劇的な転変は、親鸞にしてみれば、古い命を終え、新たな命を生きはじめたようなものであり、「汝の命はあと十年」という磯長太子廟での夢告の成就であったといえるだろう。

親鸞二十九歳の転機

このような『親鸞正明伝』の記述がどれだけ事実を反映したものなのかは不明である。『親鸞伝絵』に比してあまりにも詳しすぎる『親鸞正明伝』は、話がいささか整いすぎていて、フィクション観をただよわせていることは否めない。ちなみに、『親鸞因縁』は六角堂夢告には言及するが、磯長の夢告や大乗院での夢告については触れていない。

しかし、『親鸞伝絵』や『恵信尼消息』の記述とも照らし合わせるならば、親鸞が二十九歳で比叡山を下りて法然の門下に入ったこと、そして六角堂で人生の方向性を定める神秘体験をしたことは間違いない。

そして、その二十九歳に至るまでのあいだに、日本仏教の中枢でありながら俗化が蔓延していた比叡山において、各種の親鸞伝では語り尽くせない、さまざまな葛藤に親鸞が苦しみもがいていたことも、間違いないはずである。

コラム

親鸞の深層①

真宗十派

親鸞教団の有力分派

親鸞はとくに独立した教団を組織する意志はなかったと思われるが、門弟たちはそれぞれ布教活動を行ってグループを形成し、それはやがて教団に発展した。現在、浄土真宗のおもな分派は十を数え、「真宗十派」と総称される。このうち有力なのは、京都に本山がある西本願寺派《にしほんがんじ》（浄土真宗本願寺派）と東本願寺派《ひがしほんがんじ》（真宗大谷派《おおたに》）だが、この二派は第4章の「本願寺」の項で触れるので、ここでは残りの八派について概説しておこう。

● **真宗高田派《たかだ》**

本山＝専修寺《せんじゅじ》（三重県津市一身田町《いしんでん》）

関東布教時代の親鸞が下野国《しもつけ》高田（栃木県真岡《もおか》市高田）に建立したと伝わる専修寺を本拠とした高田門徒がルーツで、親鸞帰洛後は直弟の真仏《しんぶつ》らがこれを率いた。戦国時代に伊勢国一身田（三重県津市）に新たな拠点となる道場が建立されると、やがてこちらが教団の中心となり、本山《ほんざん》専修寺を称することになった。東国系教団では最も有力である。

● **真宗佛光寺《ぶっこうじ》派**

本山＝佛光寺（京都市下京《しもぎょう》区）

越後流罪を解かれた親鸞がいったん京都に帰ったのち、関東布教に向かった際、山科《やましな》（京都市山科区）に興正寺《こうしょうじ》を建立したのが起源で、第七代了源《りょうげん》が中興し、佛光寺と改称したという。ただし実際には、高田門徒の分派に属した了源が鎌倉時代末に関東から上洛し、興正寺（佛光寺）を建立したのが草創であるともいう。のちに佛光寺は京都の汁谷《しるたに》（現在の京都国立博物館付近）に移転し、天《てん》正《しょう》十四年（一五八六）に現在地に移転した。

●真宗興正《こうしょう》派

本山＝興正寺（京都市下京区）

戦国時代に佛光寺第十三代光教《こうきょう》の後を継いだ経《きょう》豪《ごう》が本願寺の蓮如《れんにょ》に帰参し、佛光寺から分流するかたちで山科に一宇を建立、佛光寺の旧称・興正寺を称したのが起源。天正十九年（一五九一）に京都の現在地（西本願寺の南）に移転。江戸時代は西本願寺の傘下にあったが、明治九年（一八七六）に独立。

●真宗木辺《きべ》派

本山＝錦織寺《きんしょくじ》（滋賀県野洲《やす》市木部《きべ》）

親鸞が関東からの帰洛の途次、木部の地にあった毘沙門堂《びしゃもんどう》で念仏の教えを説いたのがはじまりだという。暦仁《りゃくにん》元年（一二三八）、その仏堂に供えられていた、天女が蓮糸で織った錦を天皇に献上したことから、錦織寺と呼ばれるようになったという。しかし、実際の開基は関東横曾根《よこそね》門徒の系譜を引く南北朝時代の慈空《じくう》だともいう。

●真宗出雲路《いずもじ》派

本山＝毫摂寺《ごうしょうじ》（福井県越前市清水頭《しみずがしら》町）

南北朝の初め頃、本願寺覚如《かくにょ》の高弟乗専《じょうせん》が京都の出雲路（京都市左京区）に毫摂寺を建立したのが起源で、室町時代に第五代善幸がこれを越前《えちぜん》国山元庄《やまもとのしょう》（福井県鯖江市）に移し、慶長《けいちょう》元年（一五九六）に現在地に移った。

●真宗誠照寺《じょうしょうじ》派

本山＝誠照寺（福井県鯖江《さばえ》市本町）

流刑地越後へ向かう親鸞に越前の豪族波多野氏が帰依《きえ》し、親鸞逗留地を道場としたのが起源だという。初め真照寺と称したが、永《えい》享《きょう》九年（一四三七）に誠照寺と改めた。

●真宗山元《やまもと》派

本山＝證誠寺《しょうじょうじ》（福井県鯖江市横越《よこごし》町）

本山證誠寺は親鸞の子善鸞《ぜんらん》の子孫が継承したと伝えられるが、讃門徒《さんもんと》派の如導《にょどう》の弟子道性の開創ともいわれる。江戸時代は天台宗に属したが、明治十一年（一八七八）に独立。

●真宗讃門徒《さんもんと》派

本山＝専照寺《せんしょうじ》（福井市みのり）

三河（愛知県）和田門徒の系譜を引く如導が正応《しょうおう》三年（一二九〇）に現在の福井市大町に建立した専修寺が起源。第四代浄一《じょういつ》の時代に福井市中野に移転して専照寺と改称し、誠照寺、證誠寺とともに三門徒衆と呼ばれた。享保《きょうほう》九年（一七二四）に現在地に移転。江戸時代は天台宗に属したが、明治十一年（一八七八）に独立。

第2章

親鸞の生涯II

結婚と流罪の謎

法然と専修念仏

親鸞が帰依した革新的な浄土信仰

遁世して専修念仏の教えを確立した法然

前章に記したように、建仁《けんにん》元年（一二〇一）の春、二十九歳の親鸞《しんらん》は比叡山《ひえいざん》を下り、東山吉水《ひがしやまよしみず》に住房を構えていた法然《ほうねん》の弟子となった。『親鸞正明伝《しょうみょうでん》』によれば、これを機に、法名は範宴《はんえん》から綽空《しゃっくう》に改められたという。

では、親鸞の師であり、また浄土宗の開祖となった法然とはいかなる人物で、具体的にどのような教えを説いていたのだろうか。

法然は長承《ちょうしょう》二年（一一三三）、美作《みまさか》国（岡山県北東部）の豪族の家に生まれた。親鸞より四十歳も年長である。九歳のとき、父漆間時国《うるまのときくに》がかねて確執のあった地元の武家の夜襲に遭い、亡くなってしまう。少年法然は郷里から四〇キロほど離れた山中にある菩提寺《ぼだいじ》に預けられ、住持観覚《かんがく》の弟子となった。観覚は母方の叔父であった。十三歳のときに美作を出て、観覚のつてで比叡山に上った。十五歳で延暦寺《えんりゃくじ》東塔《とうどう》西谷の皇円《こうえん》を師として得度《とくど》・受戒《じゅかい》し、正式な僧侶（官僧《かんそう》）となった。皇円は高名な学僧であり、また関白《かんぱく》藤原道兼《みちかね》の子孫で、名家の血を引いていた。親鸞の比叡山での師慈円《じえん》と似たタイプの天台高僧である。

比叡山黒谷の青龍寺　法然が25年にもわたり修行した聖地として、法然上人二十五霊場の特別霊場にもなっている（京都左京区）

　天台教学を修めて将来を嘱望されるが、久安《きゅうあん》六年（一一五〇）、十八歳のとき、皇円のもとを離れて「遁世《とんせい》」してしまう。遁世とは、本来は世俗の生活を棄てて仏門に入ることをさす言葉だが、中世には、官僧が堕落した僧侶社会を去って官僧という身分を棄て、真摯な求道《ぐどう》生活に入ることを指すようになっていた。

『法然上人絵伝』の中の法然　奥に座すのが専修念仏の教えを広める法然（部分、鎌倉時代のものを江戸・明治期に模写、国立文化財機構所蔵品統合検索システム）

遁世した法然は、西塔黒谷《さいとうくろだに》に庵を結んでいた叡空《えいくう》のもとを訪ね、弟子となった。黒谷は人跡もまれな比叡山中の奥深い谷だが、十世紀末頃から遁世僧が閑居して修行する場となっていた。こうした遁世者たちが住み着いた、本寺から離れた場所にある空き地、一種のアジールを、とくに「別所《べっしょ》」という。当時、黒谷の別所では浄土教が熱心に学ばれていて、遁世僧たちはひたすら念仏を称えて自他の浄土往生を願っていた。

法然はここ黒谷の叡空のもとで「法然房源《げん》空《くう》」という法名を与えられ（それ以前の名前は不明）、浄土の教えを本格的に学んでゆく。一時、南都に遊学して諸宗を学ぶが、承安《じょうあん》五年（一一七五）、四十三歳のとき、回心《えしん》をとげて専修念仏《せんじゅねんぶつ》の教えを確立した。法然を祖師とする浄土宗は、この年を開宗年としてい

市中にあふれる餓鬼の姿　天変地異や戦乱が相次いだ平安末期での極楽浄土信仰を背景に、不気味な餓鬼たちが描かれている（『餓鬼草紙』部分、国宝、平安時代、国立文化財機構所蔵品統合検索システム）

る。

そして法然は黒谷を出て西山《にしやま》の広谷《ひろだに》（京都府長岡京市粟生《あお》付近）に移り、その後に東山の吉水へ移住して布教をはじめる。

この頃の京は大火や飢饉、源平の争乱、僧兵の強訴《ごうそ》などに相次いで見舞われて、末法《まっぽう》の世のようなあり様を呈していた。鴨長明《かものちょうめい》の『方丈記《ほうじょうき》』（一二一二年成立）には、養和（一一八一～一一八二）の頃に飢饉と疫病が重なって人がばたばたと死んでゆき、仁和寺《にんなじ》の隆暁《りゅうぎょう》が京内で死者を見つけるたびにその額に「阿」の字を書いて供養したところ、二カ月でその数は四万二千三百余りになったという、ぞっとするような話が書かれている。

そんな乱世に絶望する人びとに対して、法

然は「ひたすら念仏を称えれば極楽往生できる」と説きつづけた。やがて彼のもとには貴賤男女を問わず道を求める人が多く集うようになり、九条兼実《くじょうかねざね》のような上級貴族にも信奉者が現れ、官僧あるいは武士という地位をなげうって弟子となる人間も増えてゆく。親鸞もまたその門弟の列に加わったひとりであり、若き日の法然と同じく比叡山を去った遁世僧のひとりでもあった。

法然とその教えは、比叡山に代表される従来の日本仏教（旧仏教、顕密《けんみつ》仏教）に対抗する、鎌倉新仏教の流れを牽引することになった。

法蔵菩薩が十八番目に立てた誓願が「弥陀の本願」

法然の教えのどこがかくも多くの人を惹きつけ、日本仏教を革新させる力をもったのだろうか。

法然の教えの特色をまとめるならば、次の三点にしぼることができよう。

①阿弥陀仏はその絶対的な慈悲によって衆生《しゅじょう》を救済してくれる（弥陀《みだ》の本願《ほんがん》）。

②阿弥陀仏がいる極楽浄土に往生するためには、ただひたすら念仏（「南無阿弥陀《なむあみだ》

仏《ぶつ》」）だけを称えればよい（専修念仏）。

③救済への道は、出家在家を問わず、どんな人間に対しても開かれている。

これらの教えのいちばんの根拠となっているのは、浄土三部経の一である『無量《むりょう》寿経《じゅきょう》』に説かれている、次のような話である。

かつて阿弥陀仏が、まだ仏になる前の、法蔵菩薩《ほうぞうぼさつ》と称される修行僧であったとき、五劫《ごこう》というほぼ無限に近い時間にわたって思惟した末に、すべての人間を救うべく四十八の誓願を立てた。そして、この四十八願が満たされないかぎり、自分は仏になるつもりはない、とかたく決意した。

この誓願のひとつである第十八願は、次のようなものであった。

「もし私が長い修行の末に悟りを得て阿弥陀仏となったとき、誰であれ、私の浄土に生まれたいと心から願い、私の名を呼ぶのならば、私は必ずその者を浄土に迎えて救いとる」

浄土教ではこの第十八願は四十八願中の眼目とされて、「弥陀の本願」とか「弥陀の本誓《ほんぜい》」などとも呼ばれている。ここでいう「私の名を呼ぶ」こととは、「南無阿弥陀仏」と口に出して称えることであり、すなわち念仏のことである。

ただしじつをいうと、『無量寿経』には明確に「私の名を呼ぶのならば……」と書かれているわけではないのだが、この箇所をそう読み替えて称名《しょうみょう》念仏（口称《くしょう》念仏）のことと解したのが、中国浄土教の大成者である唐の高僧善導《ぜんどう》（六一三〜六八一）であった。さらに彼は「法蔵菩薩は現に阿弥陀仏となっているのだから、その本願がむなしいものとなろうはずがなく、衆生が念仏すれば必ず往生できるのだ」と説き、法然もまたこうした善導の理解に準じたのである。

加えて法然は、善導が著書『観無量寿経疏《かんむりょうじゅきょうしょ》（観経疏）』の「散善義」のなかで記した、次のような言葉を重視した。

「一心に専《もっぱ》ら弥陀の名号《みょうごう》を念じ、行住坐臥《ぎょうじゅうざが》に、時節の久近《くこん》を問はず、念々に捨てざる者、是《これ》を正定《しょうじょう》の業《ごう》と名付《づ》く。彼《か》の仏の願に順ずるが故に」

大意を記せば、「一心に阿弥陀仏の御名を称え、いついかなるときも、ひたすら念仏を称えつづけること、これこそが浄土往生の道である。なぜなら、阿弥陀仏は本願によって念仏を称える者はすべて救うと誓われているからだ」となる。

法然は四十三歳のとき、この善導の文に接して回心を経験し、弥陀の本願によって明らかにされた専修念仏の道に帰入したのだという。
付言しておくと、浄土信仰というと、阿弥陀仏が住まう極楽浄土に行くこと（浄土

二河白道図《にがびゃくどうず》　善導の『観無量寿経疏』で説かれる比喩を描いたもの。下部手前に現世のありさまを、上部に極楽浄土を描き，人間の貪愛と瞋恚《しんい》を象徴する水、火の二河が両者を隔て、その間に通じる一筋の白道を浄土信仰者が進むべき清浄な願往生心という道にたとえている。法然がこの比喩を『選択本願念仏集』に取り上げて以後、浄土教の各宗派で描かれるようになった（鎌倉時代、国立文化財機構所蔵品統合検索システム）

往生）が最終目的のようにとられがちだが、この世での死後、まず極楽浄土に転生し、その極楽浄土で阿弥陀仏の説法を聞いて悟りに至ることが最終的なゴールなのである。

日本仏教史を全否定した法然のラジカルな教説

いかなる人間も専修念仏によって救われるということは、誰もが阿弥陀仏の救済に与れるということであったが、それは言い方をかえれば、念仏以外の一切の行業《ぎょうごう》（雑《ぞう》行《ぎょう》・諸行）は不要である、と主張することでもあった。法然は同じことを、しばしば「聖道門《しょうどうもん》」と「浄土門」という言葉を用いて表現している。

聖道門とは、現世でみずから修行をして悟りに至ろうとする自力の法門のことで、難行門ともいい、具体的には南都六宗や天台宗、真言宗などの既成仏教勢力の教えをさす。これに対して浄土門とは、弥陀の本願を信じて念仏することによって浄土に往生する他力の法門で、易行《いぎょう》門ともいい、法然が説く専修念仏の教えにあたり、法然はこれを「浄土宗」と名づけたのである。

そして法然は、末法《まっぽう》の世において衆生を救うのに有効なのは聖道門ではなく浄土門であると言いきり、出家して難しい学問を学んだり難行・苦行をしたりできない凡夫《ぼんぷ》であっても、厳しい戒律を守ることができない庶民であっても、あるいは寄進して寺院を建てたり仏像を造立《ぞうりゅう》したりすることができない貧者であっても、一心に念仏を称えれば誰もが阿弥陀仏に救済されると説いた。

弥陀の本願、浄土門、易行、他力といった言葉は、専修念仏と法然の教説のキーワードであり、同時にそれは法然に深く師事した親鸞の教説のキーワードでもある。

法然は、九条兼実の求めに応じて著した『選択本願念仏集《せんちゃくほんがんねんぶつしゅう》』の冒頭に、自身の教説を要約した一文を置いている。

「往生の業《ごう》には念仏を先とす」

こうした法然の思想はそれまでの日本仏教の歴史を全否定するようなきわめてラジカルなものであり、旧来の仏教に飽き足りない人びとにとっては、心の渇《かつ》をいやしてくれる救いの教えであった。親鸞も、自分が求めていたのはこれだと、快哉《かいさい》を叫んだことだろう。親鸞は主著『教行信証《きょうぎょうしんしょう》』の「後序」のなかで、建仁元年に比叡山から遁世して法然の門下となったことを、「雑行を棄てて本願に帰す」と表現している。

だが、このような法然の革新性は当然、旧来の仏教勢力からの大きな反発を生む原因ともなったのである。

吉水時代の親鸞

法然のもとで専修念仏を学ぶ

師の肖像画の書写を許された親鸞

話を親鸞の生涯に戻そう。

親鸞が吉水の法然のもとに弟子入りしたとき、法然はすでに六十九歳になっていたが、親鸞は師の教えをひたむきに学んだ。法然には多くの門弟がいたが（『親鸞伝《でん》絵《ね》』によれば三百八十人余りいたという）、彼らの中で親鸞は次第に頭角を現し、高弟として存在感を増していった。

『教行信証』の「後序」によると、親鸞は入門して五年目の三十三歳のとき、法然からその主著『選択本願念仏集』の書写を許された。『選択本願念仏集』は当時は秘伝書として扱われ、限られた門弟しか読むことができないものであったので、それを披

選択付属　奥に座る法然が親鸞に自著の書写を許可する様子が描かれている（『御絵伝』第二幅第五段、本願寺史料研究所）

見するだけでなく書写することをも許されたというのは、法然が親鸞を信頼し、その才覚を認めていたことの証しであろう。

しかも、親鸞が書写した『選択本願念仏集』に対し、法然は自ら筆をとってタイトルと「南無阿弥陀仏　往生之業《しごう》　念仏為本《いほん》」という浄土宗の標語を記し、さらに当時の親鸞の名「釈綽空」も書き加えた。

それだけではない。これと同じ日に、親鸞は法然の肖像画を借り受けて写すことも許され、写し終わった肖像画には、法然が讃銘などを書き与えてくれたという。肖像画書写もまた師弟のかたい絆を証しするものであり、密教でいえば灌頂《かんじょう》、禅宗でいえば印可《いんか》に相当する。

敬愛する師から著書と肖像画の書写を許されたことについて、親鸞自身は「これはもっぱら念仏の道を務めてきたことの功徳《くどく》であり、浄土往生が定まっていることの徴《しるし》であった」（これ専念正業《せんねんしょうごう》の徳なり、これ決定《けちじょう》往生の徴《ち》なり）と感慨深く述懐している。このエピソードは、『教行信証』からの引用というかたちで、『親鸞伝絵』にも記されている。

そして、『親鸞伝絵』によれば、肖像画書写からまもなく親鸞は夢告《むこく》を受けて「綽空」という名を改め、同じ日に法然にその新しい名前を書いてもらったという。おそらく、その新しい名前というのが「親鸞」だったのだろう。『浄土論』を撰述した北インド僧「天親、（世親《せしん》）」と、『浄土論註』を著した中国僧「曇鸞《どん》、」に由来する名前といわれている。天親《てんじん》も曇鸞も、親鸞が学んだ浄土教の七高僧のひとりである。

「信行両座」と「信心諍論」のエピソード

『親鸞伝絵』は、吉水時代の親鸞について、この他に二つの印象的なエピソードを記している。

ひとつは「信行両座《しんぎょうりょうざ》」と通称されるもので、次のような話だ。

〈門弟たちの信心を確認しようと考えた親鸞は、ある日、法然の許可を得て、三百人余りの弟子たちが集まった場でこう告げた。

信行両座　法然の門弟たちが分かれて座る様子を親鸞が記帳する様子が描かれている（『御絵伝』第二幅第六段、本願寺史料研究所）

「信不退《しんふたい》か、それとも行不退《ぎょう》か、どちらの立場をとるか、その心を示していただき、それぞれの座席に分かれてください」

信不退とは、阿弥陀仏の本願を信じる一念によって浄土往生が決定するという、「信」を重視する立場である。

行不退とは、念仏の行をはげみ、その功徳によって浄土往生が決定するという、「行」を重視する立場である。

すると聖覚《しょうかく》・信空《しんくう》・蓮生《れんせい》の三名は信不退の座につき、親鸞もこれに加わった。ところが、その他の多くの門弟たちはどちらの座につくべきか決められず、ただ黙っているだけであった。

信心諍論　上方に座るのが法然。親鸞による「信心平等宣言」は、聖覚ら法友には青天の霹靂であった（『御絵伝』第二幅第七段、本願寺史料研究所）

しばらくすると、法然がこう言った。

「私も信不退の座に連なろうと思う」

このとき、とまどっていた門弟たちのなかには、親鸞に敬意を表する者もいれば、鬱憤の情を抱く者もいた〉

もう一つのエピソードは「信心諍論《じょうろん》」である。

〈法然の前に多くの門弟たちが集まっていたとき、こんな論争が生じた。

まず親鸞が「聖人《しょうにん》（法然）の信心と、善信《ぜんしん》（親鸞）の信心とは、いささかも異なるところがあるはずはなく、まったく同じである」と述べた。すると門弟たちはこれをとがめて、「聖人の信心と善信の信心が等しいなどという道理はない。どうして等しいことがあろうか」と反論し、親鸞とのあいだで議論となった。

だが、法然がはっきりとこう言った。

「信心が異なる云々というのは、自力の信についてのことである。他力の信心は、善人であれ悪人であれ、すべて凡夫がともに仏からいただく信心である。だから、この源空《げんくう》（法然）の信心も、善信の信心も、少しも異なることがなく、まったく同じ一つのものなのである。信心が異なってしまった人には浄土往生はできない。よく心得るべきことである」

これを聞いて門弟たちはみな驚嘆し、議論はやんだ〉

この二つのエピソードは、いずれも専修念仏の核心を突くものだが、親鸞が師法然の教えを正しく継承した者であることを示す説話ともなっている。

妻帯をめぐる謎

恵信尼と玉日姫の影

恵信尼を完全に無視する『親鸞伝絵』

親鸞といえば、戒律によって出家には禁じられている妻帯を公然と行ったことでも知られている。そして、恵信尼《えしんに》という妻がいて、彼女が夫のよき理解者であったことも現在では広く知られている。それどころか、後述するように、恵信尼の他にも妻がいたのではないかという話もある。

もっとも、親鸞が生きた時代には、現実には僧侶の女犯・妻帯が横行していたのだが、しかし建前としては禁止されていたので、親鸞のあからさまな妻帯は日本仏教史においてはやはり画期的な出来事であった。親鸞の妻帯に対してはさまざまな見方が可能だが、戒律護持や出家・在家の別に拘泥しない専修念仏の教えを、親鸞が身をもって実践したととらえることができ、そこに大きな意義を見出すことができよう。

ところが、なぜか『親鸞伝絵』は親鸞の妻帯については一言も触れておらず、恵信尼の名もまったく見えない。「六角堂夢告《ろっかくどうむこく》」の場面で女犯偈《にょぼんげ》が示され、親鸞が妻帯に踏み切ることがほのめかされているにもかかわらず、である。そもそも、『親鸞伝絵』の作者である覚如《かくにょ》にとって、恵信尼は曾祖母にあたる女性であり、覚如が彼女に対してなんら関心をもたなかったとは考えにくい。

『親鸞伝絵』が親鸞の結婚や妻について沈黙していることには、なにかいわくがありそうである。

恵信尼像　親鸞より9歳下の恵信尼は親鸞との間に少なくとも6人の子をなしたとされる（新潟県上越市・恵信尼公廟所にあるレリーフ

京都出生説が有力な恵信尼

そんなわけで、ここで親鸞の妻をめぐる謎に触れてみたい。

まず恵信尼についてだが、じつは親鸞の妻としての恵信尼の実在が確認されて注目されるようになったのは、第1章でも触れた恵信尼直筆の書状が大正十年（一九二一）に西本願寺で発見されてからのことである。それまでは、信頼できる史料という意味においては、覚如が編纂した親鸞の法語・行実の記録である『口伝鈔《くでんしょう》』や「内麿《うちまろ》公孫系図」（『尊卑分脈《そんぴぶんみゃく》』所収）、「日野一流系図」（蓮如《れんにょ》の子実悟《じつご》編）によってその存在が知られる程度であった。

「日野一流系図」によれば、恵信尼は三善為教《みよしためのり》の娘で、為教は兵部大輔《ひょうぶのたいふ》という下級役人であった。恵信尼の生年は、『恵信尼消息』の記載から寿永《じゅえい》元年（一一八二）であることはわかっている。親鸞より九歳年下である。だが、生地については不明で、京都とする説と、越後とする説の二つがある。越後出生説は、恵信尼は越後の豪族の娘で、親鸞は流罪先の越後で恵信尼と知り合い、結婚したとする。晩年の恵信尼が越後から京都にいる娘の覚信尼へ書状を送っていて、彼女の生活基盤が越後にあったらしいことは、この説を裏付けているように見える。

ところが、九条兼実の日記『玉葉《ぎょくよう》』の治承《じしょう》二年（一一七八）正月二十七日条に登場する前越後介《さきのえちごのすけ》の三善為則という人物が為教と同一人物とみられること、恵信尼の生年時には越後介の任になく京都にいたと考えられること、書状から恵信尼が教養の高い女性であったとわかることなどから、近年では京都出生説が有力となっている。

肝心な問題は、恵信尼は親鸞とどうやって知り合い、いつどこで結婚したのか、京都でなのか、越後でなのか、といったところだろうが、残念ながらこうしたことを信頼できる史料から明確にすることはできず、諸説紛々というのが現状である。

親鸞と恵信尼とのあいだには三男三女が生まれたとされているが、次男とされる信《しん》蓮房明信《れんぼうみょうしん》が親鸞の越後流罪時代にあたる承元五年（一二一一）三月三日に生まれたことは、『恵信尼消息』の記載から明らかにされている。「日野一流系図」によれば、明信の前に、長男の善鸞《ぜんらん》、長女の小黒女房《おぐろのにょうぼう》が生まれている。おそらく、この二、三年ぐらい前までには、二人はどこかで知り合い、結婚していたのだろう。恵信尼は親鸞より前に親とともに法然の教えを受けていて、法然を仲立ちとして親鸞と出会ったのではないかとする説もある（今井雅晴『親鸞の家族と門弟』）。

「恵信」というのは尼僧としての法名と考えられるが、彼女がいつどこで出家したかは不明である。親鸞と結婚して家庭生活を営んでいた時期は在家の身だったのではないだろうか。『恵信尼消息』の書状に恵信尼が「ちくせん（筑前）」と署名するものがあるが、これは俗名ではなく、彼女が貴人に侍女として仕えていたときの女房名だろうとする見方がある。

『親鸞正明伝』が記す九条兼実の娘玉日姫との結婚譚

現代では親鸞の妻というと恵信尼のイメージが根強いだろうが、「親鸞は恵信尼と一緒になる前に別の女性と結婚していた」とする伝承も真宗教団では古くからみられた。その女性というのが、第1章でも言及した、関白九条兼実の娘とされる玉日姫《たまひひめ》だ。

親鸞と玉日姫の結婚について詳述するのは『親鸞正明伝』である。親鸞は法然の門下に入っておよそ半年後の建仁元年（一二〇一）十月、すなわち二十九歳のとき、法然の指示によって玉日姫と結婚したのだという。同書のそのくだりを、要約して記してみよう。

〈建仁元年十月上旬、九条兼実が法然の吉水の禅房を訪ね、仏法談義をかわした。そのとき、兼実が「出家の念仏と、私のような在家の念仏とでは、その功徳に違いがあるのでしょうか」と訊ねると、法然はこう答えた。

「出家と在家の念仏は全く同じで、功徳に優劣はありません。女犯や肉食を戒めて念仏をすれば功徳があるというのは自力を旨とする聖道門の教えです。他力の浄土門では持戒も無戒も関係なく、出家と在家の違いもありません」

するとき兼実が言った。

「持戒でも無戒でも念仏の功徳に差がないというのであれば、あなたの弟子の中から一人、不犯の清僧を選び、破戒させて私の娘と結婚させてください。そしてそれを、末世の在家の男女であっても見事に往生できるという模範にしてくださらないでしょうか」

「なるほど、その通りです」と答えた法然は、「綽空（親鸞）よ、あなたは今日から兼実公の仰せに従いなさい」と命じ、親鸞を兼実の娘玉日姫と結婚させようとした。親鸞は出家の戒律を犯すことになるので涙を流して拒んだが、法然は「あなたは今年の初夏（四月）、

玉日姫像　西岸寺本堂には親鸞絵像とともに玉日姫の木像が安置されている（京都市伏見区）

（六角堂で）救世《くせ》観音から尊い夢告を受けていたはずです。今さら隠すことはないでしょう」と言い、親鸞に改めて遁世した理由を訊ねた〉

　このあとは兼実と法然、門弟たちを前にした親鸞の告白が続き、かつて慈円の弟子として比叡山にいたとき、慈円が朝廷の求めに応じて優れた恋の和歌を詠んだことがきっかけで「一生不犯のはずの高僧が男女の恋のあやを知っているのはおかしい」という風評がたち、そのスキャンダルに親鸞もまきこまれ……という話が語られるのだが、長くなってしまうのでここでは省かせていただく。ともかく、この騒動によって親鸞はすっかり比叡山がうとましくなり、六角堂参籠《さんろう》を思い立ち、やがて思いがけず法然のことを知るに至ったのだという。

　遁世の経緯を語り終えた親鸞は、六角堂夢告で救世観音によって示された女犯偈のこともみなに打ち明ける。女犯偈とは、第1章で紹介したように、「行者宿報設女《ぎょうじゃしゅくほうせちにょ》犯《ほん》　我成玉女身被犯《がじょうぎょくにょしんひほん》　一生之間能荘厳《いっしょうしけんのうしょうごん》　臨終引導生極楽《りんじゅういんどうしょうごくらく》」の四句からなるもので、女犯・妻帯を往生の道として許容している。

　親鸞は、尊敬する師の指名とあれば反対することもできず、また兄弟子たちの勧めもあったので、ついに当時十八歳の玉日姫との結婚を決意する。

『親鸞正明伝』はこの親鸞と玉日姫の結婚譚について、「兼実公は凡夫往生の正信を広く伝えたいと思って、愛娘を貧しい黒衣《こくえ》の妻にし、法然上人は阿弥陀仏の教えが優れていることを明らかにするために、愛弟子を在家修行者の先達とした」と総括している。ちなみに、この結婚があったという建仁元年の時点で兼実は五十三歳であり、関白を退任して政界を引退してから五年が経過していた。

坊守のモデルとされた玉日姫

親鸞と玉日姫の結婚については、あくまで伝説とみて、そもそも玉日姫の実在を疑う研究者も多い。たしかに、法然が親鸞の六角堂夢告のことをあらかじめ知っていたというくだりなどは、できすぎた話であるように思える。また、下級貴族出身の遁世僧と摂関家の娘では身分が違いすぎて結婚することなどありえない、という見方もある。江戸時代には、玉日姫の法名が恵信尼だとされて、両者が同一人物と考えられたこともあった。

だが、親鸞と玉日姫の結婚譚は、関東門徒系の親鸞伝である『親鸞因縁《いんねん》』にも、『親鸞正明伝』とほぼ同じような内容をもって書かれている。

しかも『親鸞因縁』の方には、結婚から三日後、親鸞が玉日姫とともに法然のもとを訪れて新妻を紹介すると、法然が「申し分のない坊守《ぼうもり》ですね（子細《しさい》なき坊守なり）」と言って祝福した、というエピソードも記されている。「坊守」は、真宗教団では早くから住職の妻を指す言葉として用いられていたもので、念仏道場の経営で重要な役割を担った。『親鸞因縁』のエピソードは、真宗教団で重視される坊守の始原を玉日姫に置こうとするもので、彼女の実在が前提になっている。

また、前出の「内麿公孫系図」には、親鸞の長子印信《いんしん》について「母月輪《つきのわ》関白女」という注記がある。「月輪」とは東山の月輪に山荘を営んだことにちなむ兼実の異名なので、「母は関白九条兼実の娘」と書かれてあることになる。

玉日姫の「墓」が残る京都の西岸寺

玉日姫の実在を語ろうとするのは文献ばかりではない。京都市伏見区深草にある西《さい》岸寺《がんじ》（浄土真宗本願寺派）は玉日姫の廟所と伝えられ、彼女の墓とされるものも残されているのだ。

寺伝によると、西岸寺のルーツは関白藤原忠通《ただみち》が建てた法性寺《ほっしょうじ》の小御堂《こみどう》で、忠通の子九条兼実もしばしばここを訪れたので、花園御殿とも呼ばれた。承元《じょうげん》元年（一二〇七）に親鸞が越後へ配流となると、玉日姫は父兼実が愛したこの小御堂に残り、親鸞の帰洛を待ちわびながら、この地で亡くなった。その後、親鸞の弟子で玉日姫の随臣であった有阿弥《うあみ》（田村光隆）が玉日姫の墓を守り、西岸寺の開基となったのだという。

これはあくまで伝承だが、平成二十四年（二〇一二）に墓所の改修工事にともなって発掘調査が行われ、その結果、割れた骨壺と焼骨が見つかった。骨壺は江戸時代後期の火消し壺を転用したものとみられたが、このことは嘉永《かえい》五年（一八五二）に墓所の改葬が行われたとする古文書や石碑銘文の記述と一致していた。遺骨は火葬骨のため年代測定ができなかったが、調査を行った松尾剛次《けんじ》氏は「素直に考えれば、新たに火葬骨を墓にいれたのではなく、鎌倉時代以来存在し、骨蔵器が割れていた火葬骨を、火消し壺にいれなおして改葬したと推測される」ので、玉日姫の実在の確実性は高まったとしている（『知られざる親鸞』）。

もちろん、西岸寺の墓所の発掘調査の結果は、あくまで玉日姫の実在の確実性を高めただけであって、実在が確証されたわけではない。

しかし結局、『親鸞正明伝』が語る親鸞と玉日姫の結婚譚がなによりも興味深いのは、親鸞がなぜ妻帯に踏み切ったのかという大きな謎について、明快な回答を提供していることである。それは、師法然の意向を受けて凡夫往生・在家修行の道を身をもって示すためであったというのだ。言い換えれば、親鸞は、破戒・無戒であっても往生できることの範を示すべく、一生不犯を貫いた法然に代わって、その実践に及んだわけである。

恵信尼と玉日姫の本当の関係とは

ただし、もし親鸞と玉日姫の結婚が事実だったとすると、今度は、「親鸞はどういうタイミングで恵信尼と一緒になったのか」という疑問が生じる。『親鸞正明伝』は、結婚後の親鸞と玉日姫について、五条西洞院《にしのとういん》の屋敷で新婚生活を送り、翌年に息子の範意《はんい》（印信）が生まれたことを記すぐらいで、その後どういう展開をたどったかは記していない。ただし、越後流罪が解けたのちに親鸞が一時帰京したとき、玉日姫の墓を詣でたと書かれていて、流罪中に玉日姫が京で亡くなっていたことが暗示されてはいる。

とはいえ、恵信尼ついては、『親鸞正明伝』も『親鸞因縁』も、『親鸞伝絵』と同じように、まったく触れていない。

親鸞は玉日姫と死別し、その後に恵信尼と知り合って再婚したのか。このあたりのことは想像するほかないのだが、『親鸞正明伝』の研究者である佐々木正氏は、著書『親鸞・封印された三つの真実』の中で、次のような推理を行っている。

恵信尼はもともとは、玉日姫の姉で、後鳥羽《ごとば》天皇の中宮《ちゅうぐう》であった任子《たえこ》（宜秋門院《ぎしゅうもんいん》）に仕えていた侍女であった。だが、父兼実が関白の座を追われて失脚すると、男子に恵まれなかった任子は内裏を退出し、やがて出家。これに伴って失業した恵信尼は親鸞と一緒になっていた玉日姫にリクルートされ、侍女として仕えることになった。親鸞が越後流罪となると、出自の高い玉日姫は京に残り、恵信尼が親鸞の世話役として越後に随行した。ところが、流罪中に玉日姫が亡くなってしまったため、親鸞は恵信尼と再婚することになった。

ひとつの仮説ではあるが、恵信尼を京都出身とする説が有力であることや、彼女の「筑前」という異名を侍女としての女房名とする説があることなども考慮すれば、説得力をもつ推理ではないだろうか。

弾圧と法難

流罪となって京都を逐われる

法然がまとめた「七箇条起請文」

親鸞が法然のもとで専修念仏の学びを深めていた一方で、法然教団の外部を取り巻く空気は徐々にきな臭さを増していた。浄土門によってのみ人びとは救済される、と説く法然教団のラジカルな動きに対して、比叡山延暦寺や南都興福寺《こうふくじ》をはじめとする旧来の仏教勢力が、警戒心を強めはじめていたのである。

その警戒心は、やがて迫害、弾圧へとつながってゆく。

そんな弾圧の嚆矢《こうし》となったのは、元久《げんきゅう》元年（一二〇四）十月の延暦寺によるものだ。かねて専修念仏を問題視していた延暦寺衆徒《しゅうと》がその禁止を天台座主《ざす》真性《しんしょう》に訴え出たのである。「法然の門弟たちが勝手な振る舞いをしている」というのがその理由であった。

これに対して法然は、門弟たちに自粛自戒を求める「七箇条起請文《しちかじょうきしょうもん》」（「七箇条制誡《せいかい》」ともいう）をまとめ、十一月七日に天台座主に提出し、事態の収拾をはかった。この文書の末尾には最終的に法然以下門弟百九十名が署名し、制誡を守ることを誓約しているが、その中には綽空すなわち親鸞の名もみえる。

「七箇条起請文」の内容は、法然の弟子は次の七つの事柄を戒めよ、というものであった。

①天台・真言の教説を非難し、阿弥陀仏以外の仏菩薩を誹謗すること
②智慧のある人や念仏以外の信者に対して、論争をしかけること
③念仏に対する見解が異なる人や念仏以外の信者の信仰を非難すること
④戒律を軽視・無視し、造悪《ぞうあく》を恐れてはいけないと説くこと
⑤聖教《しょうぎょう》や師の教えを離れて勝手に私説を述べ、みだりに議論すること
⑥愚鈍の身で唱導し、正法を知らずに邪法を説き、無智の道俗を教化《きょうけ》すること
⑦邪法を説いて正法《しょうぼう》と称し、偽って師説を標榜すること

そして法然は制誡に続けて、「この制法に背く者は門人ではなく魔の眷属であり、吉水の草庵に来ることを禁じる」と厳しい語調で記している。

専修念仏禁止を求めた旧仏教側の「興福寺奏状」

法然は門弟の行き過ぎを認めて延暦寺にいわば謝罪したわけだが、しかし、弾圧の動きはこれで止まることはなかった。元久二年十月には、今度は興福寺が専修念仏の禁止を求めて「興福寺奏状」を制作し、朝廷に提出したのである。

「興福寺奏状」は旧仏教勢力の八宗（天台・真言と南都六宗）を代表して法相宗の貞《じょう》慶《けい》が起草したもので、専修念仏には次の九つの過失があると非難している。

①天皇の許可なく新しい宗派を開いた（新宗を立つる失《しつ》）
②不当な仏画を描いた（新像を図する失）
③阿弥陀仏を重んじて、釈迦を軽んじた（釈尊を軽んずる失）
④念仏以外の善行を妨げた（万善を妨ぐる失）

⑤神々を礼拝しない（霊神に背く失）
⑥念仏以外の善根を拒み、浄土について誤った考えを抱いた（浄土に暗き失）
⑦念仏にも種々あるのに、口称念仏のみをとり、他を退けた（念仏を誤る失）
⑧戒律を否定した（釈衆を損ずる失）
⑨国家の法会《ほうえ》を行う他宗をきらい、国の平安を乱した（国土を乱す失）

そして、専修念仏停止《ちょうじ》と、法然およびその弟子たちの処罰を訴えている。旧仏教側が法然教団をかなり危険視していたことがわかる、辛辣な内容である。

この「興福寺奏状」に対して、同年十二月、朝廷側は宣旨《せんじ》を出したが、それは「専修念仏のトラブルは、法然の一部の弟子の短慮によるものなので、自粛を徹底させるが、刑罰までは科さない」という、法然側には比較的寛大なものであった。それは、当時の摂政が九条兼実の子の良経《よしつね》で、専修念仏に理解をもっていたことが影響していたともみられている。

しかし、興福寺はこれで引き下がらず、専修念仏停止と法然教団の処罰を執拗に朝廷に要求した。こうした騒動のさなかの元久三年三月、良経が急死。しかし、それでも朝廷側は慎重な姿勢を保ちつづけた。実質的には専制君主として君臨していた後鳥羽上皇が、念仏弾圧に及び腰であったためともいわれている。

後鳥羽上皇の逆鱗に触れて「承元の法難」が起きる

この年の四月に改元が行われて建永《けんえい》元年（一二〇六）となるが、年が明けて建永二年となると、後鳥羽上皇が方針を改め、事態が急変する。二月上旬に法然の門弟が逮捕され、二月下旬には安楽《あんらく》・住蓮《じゅうれん》・性願《しょうがん》・善綽《ぜんしゃく》の四名が死罪、法然以下八名が流罪と決定し、専修念仏停止の太政官符《だいじょうかんぷ》が布達されたのだ。

これが、第1章の冒頭で触れた「建永（承元）の法難」で、八名の流罪者のなかには、親鸞も含まれていたのだった。

ただし、この法難に関しては、ストレートな宗教弾圧ではなく、後鳥羽上皇の私怨にもとづくリンチ（私刑）ではなかったか、と見る向きが現在では多い。というのも、この法難の直接的な発端は、上皇が寵愛する女房と法然門弟の「密通」にあったらしいからだ。

その経緯をまず『法然上人行状絵図』（鎌倉時代末成立）によってみておくと、前年

師資遷謫《せんちゃく》①　鹿ヶ谷での念仏法要のスキャンダルについて詮議する6名の公卿（『御絵伝』第三幅第九段、本願寺史料研究所）

建永元年の十二月、後鳥羽上皇が熊野詣でに出かけて京を留守にしていたとき、上皇の女房が東山鹿《しか》ヶ谷《たに》の草庵で行われた法然門下の安楽・住蓮の念仏法要に結《けち》縁《えん》した。すると感動のあまり女房が発心し、出家して尼僧になってしまったという。一方、慈円の『愚管《ぐかん》抄《しょう》』によれば、女房たちが安楽らを呼び寄せて、夜になっても帰さないということがあったという。安楽は美声で美男であったともいうので、事はおだやかではない。密通の噂が立ったとしても不思議ではなかろう。

熊野詣でから還幸した後鳥羽上皇は、このことを聞き知ると激怒した。それまではどちらかというと法然教団を擁護していただけに、裏切られたという思いもあったのだろう。

その結果が、四名死罪、八名流罪、念仏禁止であったわけである。

この時期は実質的には死罪が全面禁止の状態にあったといわれているので（平雅行『改訂・歴史のなかに見る親鸞』）、一挙に四人もの人間が死刑になったというのは極めて異例であり、後鳥羽上皇の逆鱗《げきりん》の程が伺えよう。ここ数年来の念仏弾圧の動きは、延暦寺や興福寺の糾弾者たちの想定を超える、凄絶な結末を迎えた。

なぜ親鸞は連座して流罪となったのか

ところが、流罪に処せられた親鸞本人は、この法難を、上皇の恣意的な私刑ではなく、あくまで旧仏教勢力と朝廷が結託して行った不当な宗教弾圧として理解していたようである。『教行信証』「後序」に、この事件のことを述懐して次のように記しているからだ。

「諸寺の僧侶たちは教えに暗く、真実と仮象の違いを知らない。都の学者たちは行いがあやふやで、邪と正の区別をわきまえない。このようなわけで、興福寺の学僧たちは、後鳥羽上皇・土御門《つちみかど》天皇の時代である建永二年（一二〇七）二月上旬に、専修念仏の禁止を朝廷に訴えた。天皇も臣下も法に背き、道理に違背して、怒りと恨みの心を抱いた。これによって浄土真宗興隆の祖である源空法師（法然）ならびに門徒数名を、罪科を吟味することなく、不当にも死罪と処し、あるいは僧侶の身分を奪って俗名をつけさせ、遠国への流罪に処した。私もそのひとりであった」(諸寺の釈門、教《きょう》に昏《くら》くして真仮《しんけ》の門戸《もんこ》を知らず、洛都の儒林《じゅりん》、行に迷《まど》ひて邪正の道路を弁《わきま》ふることなし。ここをもて興福寺の学徒、太上天皇　後鳥羽の院と号す、諱尊成《いみなたかなり》　今上　土御門の院と号す、諱為仁《ためひと》　聖《せい》暦《れき》、承元丁卯《ひのとう》の歳、仲春上旬の候《こう》に奏達す。主上臣下、法に背き義に違《い》し、忿《いか》りを成し怨みを結ぶ。これによりて、真宗興隆の大祖源空法師ならびに門徒数輩《すはい》、罪科を考へず、猥《みだ》りがわしく死罪に坐《つみ》す。あるひは僧儀を改めて姓名《しょうみょう》を賜ふて遠流《おんる》に処す。予はその一《ひとつ》なり)

　ここでは親鸞は密通事件には触れておらず、また、朝廷の処罰に先立って、興福寺が朝廷に念仏弾圧を求める訴えがあったことを明記している。

　しかし、ここでひとつの謎が湧きおこる。それは、「なぜ、親鸞はこの法難に連座して流罪に処されたのか」という謎である。

　密通事件に直接関与した安楽・住蓮が死罪となったのはある意味では当然であろうし、教団のリーダーである法然が責任を問われて流罪となったのも、それなりに納得のゆくことではある。

　だが、親鸞はどうだろうか。

まず、彼が密通事件に関与した形跡は見当たらない。

「法然教団の幹部であったので裁かれたのでは」という見方はあるだろう。しかし、『選択本願念仏集』や法然像の書写を許されたというエピソードからも伺えるように、親鸞が法然の愛弟子のひとりであったことは確かだが、当時、法然の弟子は二百人、三百人はいたといわれており、入門して六年ほどの親鸞が、幾多の法兄がいるなかでとびきり序列の高い人物であったとは思われない。教団幹部、法然の側近ということであれば、法然門下の最長老である信空や、師に常随し、師の臨終時には本尊や聖教を相承《そうじょう》した源智《げんち》などがいたのだが、親鸞の先輩である彼らはこのとき、何ら処罰を受けていない。

ここでこの謎を解くヒントとなりうるのは、最前紹介した、親鸞が法然の指示で九条兼実の娘玉日姫と結婚したという、『親鸞因縁』や『親鸞正明伝』にみられる伝承である。

親鸞は、公然と破戒し、妻帯していたことを咎められて、法難に連座することになったのではないか。遁世僧ながら摂関家の娘と公然と結婚した親鸞は、官僧社会や朝廷関係者からかねて目をつけられていて、法然門弟の密通事件を契機にそれが改めて槍玉に挙げられ、罪を着せられることになったのではないだろうか。

親鸞と玉日姫の結婚を認める研究者には、このような見方をする向きが多い。それにじつをいえば、密通事件に直接は関与していない親鸞が法難に連座して流刑に処せられたことを矛盾なく説明できるというのが、玉日姫伝説を無下にすることができない重要なポイントでもあるのだ。

親鸞の結婚が流罪の理由であったというのは仮説のひとつにすぎないが、説得力に富む見方ではあろう。

赦免後に京都に戻るも、まもなく没した法然

摘発後まもなく、安楽は京の六条河原《がわら》で斬られ、住蓮は近江（滋賀県）の馬淵《まぶち》で斬られた。

流罪と決まった八名のうち、幸西《こうさい》と証空《しょうくう》の二人については、慈円が身柄を預かることになって流罪は免除されている。

法然は土佐（高知県）への配流と決まり、藤井元彦《ふじいのもとひこ》という俗名をつけられ、三月には京を発った。すでに七十五歳という高齢に達していた。法然に深く帰依していた兼

師資遷謫②　土佐に配流が決まった法然が輿に乗る場面（『御絵伝』第三幅第九段、本願寺史料研究所）

実は有力貴族ではあったが、政界を退いてすでに久しかったためか、刑の減免をとりなすことはできなかった。このときの失意も祟ったのか、兼実は翌四月には没している。

　法然はその後、播磨《はりま》（兵庫県南西部）をへて四国の讃岐《さぬき》（香川県）に入るが、その地の有縁の寺々に止住しているうちに、赦免の宣旨が降った。同年十二月のことである。

　ただし、ただちに入京することは許されなかったので、その後の約四年間を、摂津《せっつ》（大阪府西部・兵庫県南東部）の勝尾寺《かつおうじ》に仮寓して過ごした。ようやく京に戻ったのは建暦《けんりゃく》元年（一二一一）十一月のことで、慈円のはからいによって東山大《おお》谷《たに》の禅房に住まいを得た。現在、知恩院勢至堂《ちおんいんせいしどう》が建っている場所だといわれている。かつて住んだ吉水草庵はすっかり荒廃していたという。

そして翌建暦二年の正月、弟子・信者たちに見守られるなか、念仏を称えつつ静かに往生を遂げた。七十九歳であった。

法然が起こした宗派としての浄土宗の流れは、こののち親鸞以外の弟子たちによって継承され、紆余曲折をへながらも教義や組織が確立していった。

「非僧非俗」の身となった愚禿親鸞

さて、建永二年二月に話を戻すと、親鸞の方は越後（新潟県）が配流先と決まり、僧籍を剥奪されたうえで藤井善信《よしざね》という俗名をつけられ、まもなく京を発った。三十五歳になっていた。これによって親鸞は官僧としての身分を完全に棄てたことになる。

このとき、親鸞の妻玉日姫は京に留まり、代わりに彼女の侍女であった恵信尼（筑前）が世話役として親鸞の越後行きに同行したのではないか、とする見方があることは先に記したとおりである。

罪人に女性が付き添うというのは奇異なことのように映るが、古代の法典である律《りつ》令《りょう》では、むしろ流人は妻妾を同伴すべしと定められていて（「獄令《ごくりょう》」第十一条）、鎌倉

師資遷謫③　越後に配流が決まった親鸞が輿に乗る場面（『御絵伝』第三幅第九段、本願寺史料研究所）

時代にもこれはほぼその通りに適用されており、上級貴族が流人の場合は従者が三人も随従することがあったという（平松令三『親鸞』）。流罪というのは、流刑先にある監獄に収監されるのではなく、在地の官人に身柄を預けられて監視されるというものであったので、流人の生活を安定させるためにも、身の回りの世話をする人間の同伴が不可欠とされたのだろうか。妻妾をも罪に連座させるという名目もあったのかもしれない。

京を発った親鸞は検非違使《けびいし》（治安維持や訴訟・裁判を管掌した役所）の役人に護送されて流刑地へ向かったとみられるが、その後ろには、出自の高い妻の身代わりとして付き従う恵信尼の姿があったのだろうか。

親鸞は先に引いた『教行信証』後序の続きで、

流罪に処せられた自分について、こう表現している。

「しかればすでに僧にあらず俗にあらず。この故に禿《とく》の字をもつて姓《しょう》となす」

「禿」とはかぶろ、つまりおかっぱ頭のことで、剃髪もせず、かといって結髪もしない様をさす。流罪を機に、出家でもなく在家でもない、非僧非俗の身を象徴する言葉である「禿」を、苗字代わりとしたというのだ。さらに親鸞は自嘲気味にあえて「愚」の字を冠して、しばしば「愚禿《ぐとく》」とも自称している。

流刑の地へ向かっていたとき、愚禿親鸞の内面は僧俗の区別を超越していた。そして、そこに自分がめざすべき新たな境地を見出していたのである。

コラム
親鸞の深層②

蓮如

本願寺をメジャーにした敏腕僧

親鸞没後、京都東山《ひがしやま》の大谷《おおたに》には親鸞の廟所が設けられたが、この大谷廟所は親鸞の曾孫覚如《かくにょ》（一二七〇～一三五一）の時代に寺院化して本願寺《ほんがんじ》と呼ばれるようになり、その住持（法主《ほっす》）の地位は親鸞の子孫によって継承されるようになった。しかし、当初の真宗教団の主流は、本願寺ではなく、下野《しもつけ》国高田《たかだ》（栃木県真岡市高田）の専修寺《せんじゅじ》（高田派）や京都の佛光寺《ぶっこうじ》（佛光寺派）を拠点とした教団であった。高田派は親鸞の関東布教時代の門弟の系譜を引き、佛光寺派は高田派の分派にあたる。つまり、東国系教団の方が本願寺教団よりも優勢であった。ようやくその形成が逆転して本願寺が真宗の主流になるのは、室町時代に蓮如《れんにょ》が本願寺法主になってからのことである。

蓮如は応永二十二年（一四一五）、本願寺第七代存如《ぞんにょ》を父として生まれた。親鸞を初代とすると十代目の子孫にあたる。生母は召使いとして存如に仕えていたといわれる女性で、蓮如が六歳のときに出奔している。蓮如が幼少期の本願寺は阿弥陀仏と親鸞の木像を安置した御堂と住持の居宅が建っている程度のささやかな寺で、参詣者の姿もあまりなく、財政面では厳しい状態が続いていた。

不遇の幼少期を過ごした蓮如だったが、十

蓮如像　蓮如は門弟に自身の寿像を与え、勢力の拡大を図ったとされる（江戸時代、和歌山県立博物館）

七歳で青蓮院《しょうれんいん》で出家得度《しゅっけとくど》すると、興福寺《こうふくじ》大乗院門跡《もんぜき》の経覚《きょうがく》について仏教を学び、また父存如や叔父空覚《くうかく》のもとで真宗教学の研鑽にはげんだ。三十五歳のときには北陸と東国をまわり、各地の親鸞旧跡を訪ねている。

康正《こうしょう》三年（一四五七）に存如が没すると、継職して本願寺第八代となった。このとき蓮如は四十三歳になっていたが、法主となると、名号《みょうごう》を大書した掛軸を本尊として門徒たちに与えるという方法で積極的な布教に乗り出した。また、親鸞の教えを手紙形式で平易に説いた「御《ご》文章《ぶんしょう》（御文《おふみ》）」と呼ばれる文書も作成して伝道に活用した。これによって本願寺は門徒を急激に増やしていった。

ところが、寛正《かんしょう》六年（一四六五）、本願寺の興隆に反感を抱いた延暦寺《えんりゃくじ》の衆徒《しゅうと》が本願寺を襲撃し、大谷の堂舎は破却されてしまった。蓮如は各地を流寓したのち、文明三年（一四七一）、越前国吉崎《えちぜんよしざき》（福井県あわら市吉崎）に坊舎を構え、伝道の拠点とした。この吉崎御坊はみるみるうちに巨大な宗教都市へと発展し、小丘の吉崎山頂上には本堂、庫裏《くり》、書院が建ち並び、麓には宿坊である「多屋《たや》」や民家がいくつも軒を連ねた。各地から門徒が訪れ、蓮如は彼らに次々に名号本尊や「御文章」を下付していった。

しかし、この繁栄に危機感を覚えた加賀国《かが》守護富樫《とがし》氏や高田派が本願寺門徒に弾圧を加えて混乱が生じたため、事態の収拾をはかるべく、文明七年、蓮如は吉崎を退去する。

蓮如はその後、京都山科《やましな》を本拠と定めて新たに本願寺を造営した。山科本願寺は大谷のそれをはるかに上回る規模で、堂舎を中心に巨大な都市（寺内町《じないちょう》）が形成された。またこの時期、近畿から中国・四国地方にかけて教線を伸ばしていた佛光寺派の経豪《きょうごう》が多くの門徒を引き連れて蓮如に帰参している。

晩年は寺務を息子実如《じつにょ》に譲るも、近畿各地を伝道して布教と教団活性化にはげみ、今の大阪城のあたりに石山《いしやま》本願寺の前身となる坊舎を建立。生涯にもうけた二十七人の子女を各地に配して本願寺の藩屏《はんぺい》とした。明応《めいおう》八年（一四九九）、八十五歳で山科で示寂《じじゃく》。こうした蓮如の活躍により、本願寺教団は全国的規模に発展してゆくことになったのである。

親鸞の生涯III

東国布教・京都帰還、そして往生へ

第3章

越後配流時代

流刑地で新境地を開く

流刑地で比較的自由な生活を送った親鸞

親鸞《しんらん》の配流《はいる》先は越後の国府《こくふ》（地方政庁の所在地）であった。その場所は現在の新潟県上越市北西部のあたりであったと考えられている。

おそらく建永《けんえい》二年（一二〇七）三月に京を発ち、検非違使《けびいし》の役人の護送を受けながら、二週間ばかりで現地に着いたはずである。そこはもちろん親鸞にとってはまったく未知の土地であった。日本海に臨む海辺にある上越市五智《ごち》の五智国分寺《こくぶんじ》境内には、親鸞が越後に入って最初に住んだ竹之内《たけのうち》草庵の旧跡と伝えられる小堂が建っている。

なぜ、越後が配流先に選ばれたのか。このことについては、流罪が決定する直前の建永二年正月に、親鸞の伯父日野宗業《むねなり》が越後権介《ごんのすけ》に任じられていたことと関係しているのではないか、とする説がある。権介というのは、国司のトップである「守《かみ》」を補佐する「介」の権官ということで、国司のひとりである。

伯父が国司を務める地が配流先になったというのは、現地での暮らしの便を朝廷側が考慮したということなのか、それとも一族で流人の面倒をみてやれということであったのか。ただし、こうした地方官は当時は遙任《ようにん》を原則とする名目的なもので、実際に本人が任国へ赴くことはほとんどなかったと考えられている。

『親鸞伝絵《でんね》』によれば、親鸞はここ越後であしかけ五年の流人生活を送った。

竹之内草庵旧跡　現在の建物は明治６年の建造（新潟県上越市）

前章に記したように、

流罪といっても配流先に監獄があって、懲役を科せられた、というわけではないし、場所は越後だから「島流し」というのとも違う。それはまず「都からの追放」という意味合いを強くもっていた。

中世の流罪の実際がどうであったかというと、歴史学者の平雅行氏によれば、流罪人の身柄は在庁官人や御家人に預けられて彼らの監視・扶持《ふち》を受けたが、親鸞の場合は越後の国衙《こくが》(地方政庁)の役人をしていた武士に預けられたはずだという(『改訂・歴史のなかに見る親鸞』)。また同氏は、「預かり人の裁量によって処遇に差があるものの、流罪人はさほど厳しく管理されていたわけではない」とも指摘している。

したがって親鸞は、罪人とはいえ、越後では比較的自由な生活を送ることができていた可能性が高い。前章でも触れたように、流罪中の承元《じょうげん》五年(一二一一)三月三日には恵信尼《えしんに》とのあいだに信蓮房明信《しんれんぼうみょうしん》が誕生しているが(91ページ参照)、これなどもその傍証となりうる。ついでながら、親鸞と恵信尼が結婚したのも、この流罪中であった可能性が高い。

ただし、念仏を広める宗教活動を積極的に行ったことは考えにくい。康永《こうえい》三年(一三四四)に書写された親鸞門弟の一覧『親鸞聖人門侶交名牒《もんりょきょうみょうちょう》』(妙源寺本)には、越

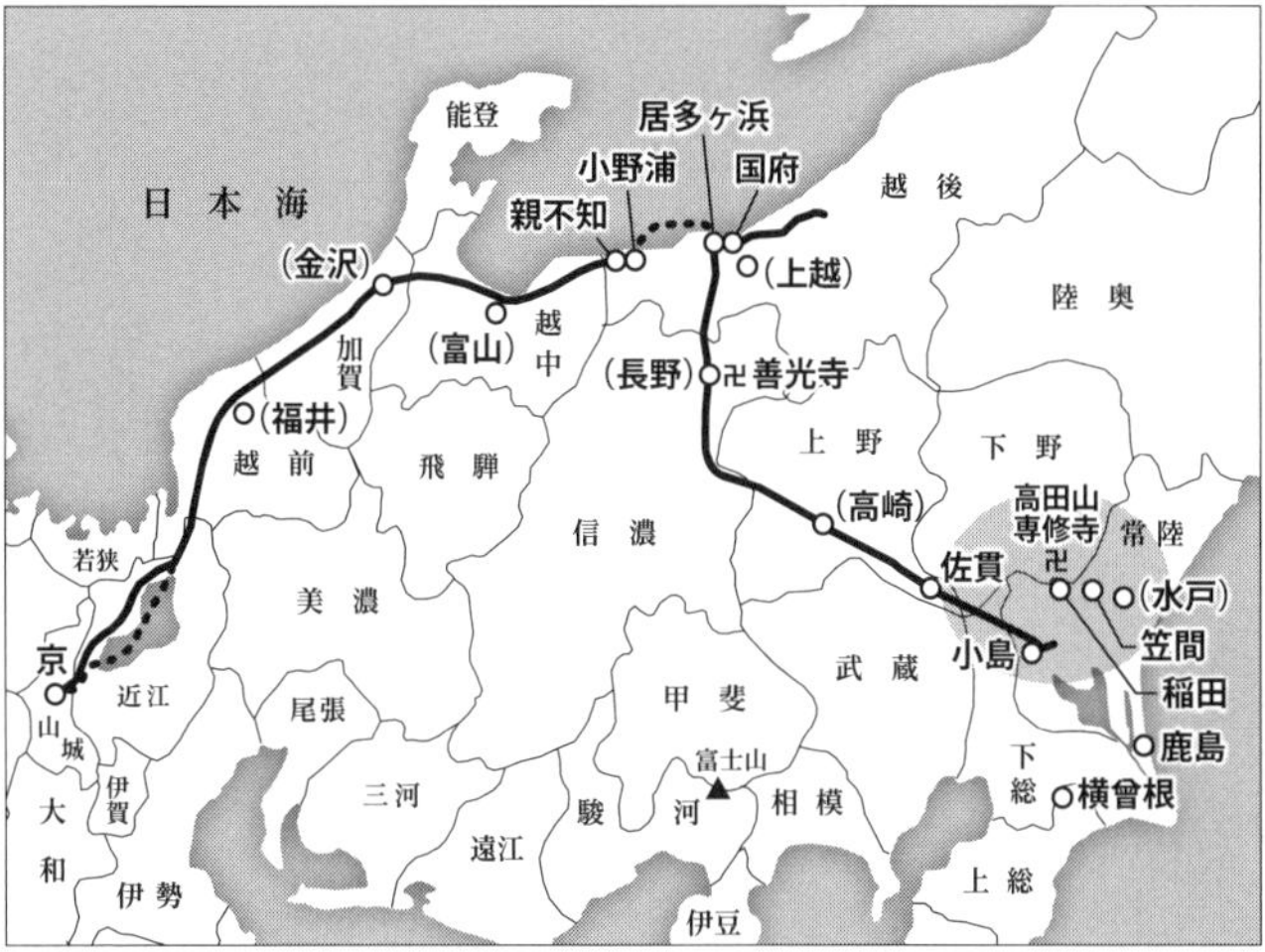

親鸞の足跡①　親鸞は幾多の難所を経て越後に辿り着く。流罪赦免後は関東に向かうことになる（ルートは『親鸞伝絵』による。一部推定）

後国在住の直弟《じきてい》としては覚善《かくぜん》ひとりのみが挙げられているにすぎないからである。もっとも、親鸞が奉じる「専修《せんじゅ》念仏」そのものが主たる罪状とされたわけであるから、表立った布教活動を控えるのは当然であろう。

　再び『親鸞伝絵』によれば、建《けん》暦《りゃく》元年（一二一一）十一月十七日、赦免の勅命が下された。親鸞は三十九歳になっていた。赦免の理由は不明だが、後鳥羽《ごとば》上皇の怒りのほとぼりがようやく冷めた、といったところだったのか。

　ただし、これによって専修念仏が公認されるようになったわけでは決してない。建保《けんぽう》七年（一二一九）、貞応《じょうおう》三年（一二二四）、嘉禄《かろく》三年（一二二七）など、この後も朝廷側による専修念仏弾圧はたびたび繰り返されているからだ。とくに嘉禄三年の弾圧は大規模なもので、法然の門弟三名が流罪、信者四十六名が逮捕・追放され、法然の『選択本願念仏集《せんちゃくほんがんねんぶつしゅう》』は禁書処分を受けている。

赦免後、いったん帰洛したと記す『親鸞正明伝』

『親鸞伝絵』にしたがえば、赦免された後も親鸞は越後に留まり、現地の人びとへの教化に努めたという。親鸞は流罪になっても専修念仏の道を棄ててはいなかったのだ。むしろその間に信仰をより深化させていった。

そして、具体的な時期は不明だが、その後、関東の常陸《ひたち》国（茨城県）に移り住み、念仏布教を行ったという。親鸞による東国伝道のはじまりである。

ところが、『親鸞正明伝《しょうみょうでん》』の方では、赦免後の親鸞はいったん京へ戻り、それから関東布教に向かったことになっている。そこで、このことに少し触れておこう。

『親鸞正明伝』によれば、赦免を受けた翌年の建暦二年八月頃、親鸞は京に上り、赦免勅命の勅使を務めた中納言藤原範光《のりみつ》に従って参内《さんだい》し、御礼を述べた。範光は後鳥羽上皇の信任が篤かった公卿で、親鸞の越後配流時には越後知行国主《ちぎょうこくしゅ》だった人物である。法然《ほうねん》に帰依《きえ》していたともいわれる。

その後、この年の正月に示寂《じじゃく》していた法然の墓を詣でて師弟の縁が短かったことを嘆き、また九条兼実《くじょうかねざね》の墓と玉日姫《たまひひめ》の墓にも詣で、涙を流しながら読経した。この墓参には親鸞と玉日姫とのあいだに生まれた印信《いんしん》もお供し、母の臨終の言葉を涙ながらに伝えたという。ここに、玉日姫が親鸞流罪中に京で亡くなっていたことが明らかにされている。

そして親鸞は、九月には山城国山科《やましな》（京都市山科区）に興正寺《こうしょうじ》（佛光寺《ぶっこうじ》）のルーツとなる一寺を建立し、十月には布教のために東国へ下向したという。

親鸞は赦免後、『親鸞伝絵』が記すように、帰京せずに関東へ向かったのだろうか。それとも『親鸞正明伝』が記すように、いったん帰京して恩師や妻の墓参りを済ませてから関東へ向かったのだろうか。後者のほうがごく自然な流れであるように思えるのは、筆者だけではあるまい。

関東布教の開始

非僧非俗の道を進む

常陸を拠点に念仏布教をはじめる

『親鸞伝絵』に戻ると、越後から常陸に移った親鸞は、笠間《かさま》郡稲田《いなだ》郷に隠居した。静かに暮らしていたが、出家・在家を問わず仏法を求める人が次々に親鸞のもとを訪れ、門戸を閉ざしていても、救いを願う貴賤の人びとであふれかえった。このとき親鸞は、「かつて救世《くせ》観音から受けた夢告の通りになっている」と語ったという。二十九歳のとき、親鸞は六角堂にて、観音から女犯偈《にょぼんげ》を示された後、東方に向かって多くの人びとに説法をするという夢を見たのだったが、あれは東国で布教をするということの予言であったというわけである。

笠間郡稲田郷は現在の茨城県笠間市稲田町で、同地にある西念寺《さいねんじ》は親鸞の稲田草庵跡と伝えられている。

一方、『親鸞正明伝』の記述は『親鸞伝絵』よりかなり詳しい。それによると、京を発った親鸞は伊勢神宮への参詣をへて、まず常陸国下妻《しもつま》荘小嶋《おじま》（茨城県下妻市小島）の郡司《ぐんじ》武弘《たけひろ》の館に入った（郡司は官職名で、姓が小嶋、名が武弘ということなのかもしれないが、詳細不明）。それは、かねて親鸞と武弘のあいだに交流があり、武弘がたびたび使いを寄越して親鸞を招いたからであったという。

親鸞はしばらく小嶋（小島）に滞在した後、四十歳時の冬に越後へ向い、四十一歳から四十二歳までは越後を拠点として信濃《しなの》（長野県）や上野《こうずけ》（群馬県）のあいだを徘徊して教化に努めた。おそらく越後に入ったときに恵信尼《えしんに》とその子供たちに再会したことだろう。

その後、ふたたび常陸国下妻に戻ったが、武弘が亡くなったため、四十五歳のときに笠間郡稲田の草庵に移り住み、その後の十有余年は、ここを拠点に各地で教化を行ったという。

関東時代の親鸞は、基本的には妻恵信尼とその子供たちとともに生活を送ったと考えられている。親鸞と恵信尼のあいだには三男三女が生まれたとされているが、このうちの一男二女は、関東時代の出生とみられる。大所帯を抱えながら伝道布教を行っていたことになるが、家族の存在が親鸞の心を支えたという面も当然あっただろう。

このように家族持ちの在俗生活を送りながらも、親鸞は剃髪を貫き、袈裟《けさ》を脱ぐことはなかったらしい。いったん強制的に還俗させられていたとはいえ、こうした在家でもあり出家でもあるような曖昧な姿は、人によっては、ある種の堕落に映るだろう。しかし、今の世が末法であることを確信していた親鸞には、仏法が正しく行われない末世《まっせ》においては、在家仏教者、より正確にいえば非僧非俗《ひそうひぞく》の立場にある者こそが仏法の正しい継承者となりうるのだ、という強い自負があった。

流罪によって還俗させられたことをむしろ奇貨とし、非僧非俗の身であることに、大きな意義を見出していたのだ。

関東は念仏布教の未開地だった

ところで、なぜ親鸞は関東での布教に挑んだのだろうか。

『親鸞正明伝』は、ひとつのきっかけとして常陸国の郡司武弘からの招請を記しているが、仮にそれが事実であったとしても、はたしてそれだけが理由であろうか。

稲田興法《こうぼう》　親鸞は関東では稲田の地に最も長く住むことになる（『御絵伝』第三幅第十段、本願寺史料研究所）

越後流罪の解けた親鸞が布教の地を関東に求めたことについては、「親鸞は信濃善光寺《ぜんこうじ》の勧進聖《かんじんひじり》となり、善光寺修造の喜捨《きしゃ》を求めるため、念仏布教をしながら関東へ向かった」「恵信尼の生家三《み》善《よし》家の所領が関東にあり、その縁を頼って移住した」「主著『教行信証』撰述のための参考資料を求めて、宋版一切経《そうばんいっさいきょう》を鹿島神宮に奉納した常陸国笠間郡の領主笠間時朝《ときとも》を頼った」などの説がみられているが、確証されているものはない。

ここで当時の親鸞を取り巻く現実的な状況を顧みるならば、専修念仏は朝廷や南都北嶺《なんとほくれい》（興福寺《こうふくじ》に代表される奈良の大寺と比叡山延暦寺《ひえいざんえんりゃくじ》）によって白眼視されていたわけだから、彼が京やその周辺で念仏布教を表立って行うことは事実上、不可能であったはずである。もちろん、流刑地の越後でそれを行うこともはばかられたであろう。なぜなら、繰り返しになるが、親鸞は専修念仏の教説を咎められて越後に流されたわけなのだから。

そうしたとき、念仏布教の開拓地として彼の視野に入ったのが、京からみれば辺境にあたる関東ではなかっただろうか。そこは中央に比べて規制が緩く、さまざまな意味で開拓の余地を多くもっていた。もちろん、その関東でも鎌倉には幕府があって、念仏には目を光らせていたと考えられるが、興福寺や延暦寺のような権門《けんもん》寺院が近くにあるわけではなく、また正治《しょうじ》元年（一一九九）に源《みなもとのよりとも》頼朝が没してから承久《じょうきゅう》の乱（一二二一年）によって後鳥羽上皇らが政権から排除されるまでは、鎌倉幕府は不安定であり、権限も弱かったはずである。

加えて法然の弟子には、熊谷直実《くまがいなおざね》（蓮生《れんせい》）、津戸為守《つのとためもり》（尊願《そんがん》）など関東出身の御家人《ごけにん》であった者が多く、法然流罪後は関東に帰還していた弟子も多くいたとみられる。蓮生・尊願などは郷里武蔵《むさし》国での専修念仏弘通《ぐつう》に尽力したという。茨城県中部の東茨城郡城里《しろさと》町阿波山《あわやま》には親鸞がこの地方の布教の拠点にしたという大山草庵の跡が残されているが、そこは法然の孫弟子行観《ぎょうかん》が開いた阿弥陀寺（江戸時代後期に廃寺）の境内で、親鸞は法然とのゆかりを頼ってこの地に来たのだと伝えられている。つまり、関東には念仏信仰の素地が整いつつあった。親鸞を常陸に招いたという郡司武弘という人物も、法然教団の関係者であったのかもしれない。

しかも、かつて六角堂で観音から受けた夢告では、東国での布教が予示されていた。

こうしたことも踏まえて、親鸞は関東の地を目指したのではないだろうか。

浄土三部経の千部読誦をはじめるも、途中で中止する

ここで、『親鸞伝絵』にも『親鸞正明伝』にも記されていないが、『恵信尼消息』にはみえる、関東での親鸞の重要なエピソードを紹介しておきたい。

それを記すのは、恵信尼が弘長《こうちょう》三年（一二六三）、すなわち親鸞遷化《せんげ》の翌年の二月十日に娘覚信尼《かくしんに》に送った書状である（第三通）。寛喜三年（一二三一）、五十九歳の親鸞が病臥したときのことへの回想にはじまるもので、その回想の中の親鸞が自身の回想を恵信尼に語るという、話が入れ子状のややこしい構成になっているのだが、まずはそのあらましを記しておこう。

〈寛喜《かんぎ》三年四月、親鸞が風邪を引いて寝込み、夢うつつの状態になった。臥して四日目（もしくは八日目）の明け方、「まはさてあらん（真はそうであろう）」とうわごとの

ような言葉を口にした。恵信尼がどうしたのかと尋ねると、親鸞はこう答えた。

「うわごとではない。臥して二日目から『無量寿経《むりょうじゅきょう》』を休むことなく読んでいた。目を閉じると、お経の文字が一字一字、はっきりと見えてきた。自分には念仏の信心よりほかにはないはずなのに、これはいったいどうしたことなのか。

そこでよく考えてみたところ、今から十七、八年前に浄土三部経（『無量寿経』『観《かん》無量寿経』『阿弥陀経』）を千部読誦《どくじゅ》しようとしたときのことを思い出した。私は衆生《しゅじょう》の利益《りやく》をはかろうとして千部読誦を始めたのだが、念仏を称《とな》えることのほかに何の不足があって経典を読もうとするのか、自らが信じるだけでなく人にも教えて信じさせること（自信教人信《じしんきょうにんしん》）こそが真に仏恩に報いることではないか、と思いいたり、途中で中止したのだ。

にもかかわず、いまだ読経への執着が残っていたために、臥せているときに『無量寿経』を無意識のうちに読んでいた。人の執心、自力の信心にはよくよく気をつけなければならない。そう考えて、ようやく読経を止めることができたのである。

それで『まはさてあらん』と口にしたのだ」〉

このように寛喜三年時の親鸞とのやりとりを述懐したあと、恵信尼はこう記す。

〈親鸞聖人が浄土三部経を千部読誦しようとしたのは、信蓮房明信が四歳のときのことで、武蔵国か上野国かはっきりしませんが、佐貫《さぬき》というところで読誦をはじめて、四、五日ばかりたって、思い返して読むのを止めて、常陸国に向かったのです〉

信蓮房は承元五年（一二一一）に恵信尼が生んだ子なので、彼の四歳時は建保《けんぽう》二年（一二一四）である。すなわち、親鸞が浄土三部経の千部読誦を試みたのは、建保二年、親鸞四十二歳のとき、ということになる。恵信尼はある時期から日記をつけていたらしく、それで過去のことをこのように細かく書き起こすことができたらしい。

親鸞四十二歳——それは、『親鸞正明伝』によれば、親鸞が越後を拠点として信濃や上野を布教していた時期にあたる。

宗教的覚醒としての「寛喜の内省」

ここで、この恵信尼書状の内容を、時系列を整理したうえで、改めて要約しておこう。

建保二年（一二一四）、四十二歳の親鸞は、武蔵国と上野国のあいだ付近にある佐貫（現在の群馬県邑楽《おうら》郡明和《めいわ》町大佐貫。利根川のほとり）で衆生利益《しゅじょうりやく》のために浄土三部経の千部読誦を開始した。一般に読経《どきょう》には功徳《くどく》があるとされ、所定の経典を一千回読む千部読誦は特別な祈願や追善のために古来行われてきたが、それは一面では祈禱《きとう》呪術的な性格ももっていた。

ところが、親鸞は途中でそれを中止してしまった。よく考えてみれば、千部読誦は聖道門《しょうどうもん》・自力の行《ぎょう》にほかならない。浄土門・他力を説く人間が自力にすがっていったいどうするのだ。弥陀の本願を信じるなら、衆生利益のためには、ただひたすら念仏するだけで、「南無阿弥陀仏《なむあみだぶつ》」と称えるだけで、充分ではないか。

それは、親鸞にとっては、六角堂夢告《むこく》に次ぐべき、強烈な宗教的回心であった。

それから十七年後の寛喜三年、五十九歳の親鸞は病気で寝込んだことがあった。これがどこに居住していたときの出来事か恵信尼は記していないが、覚如撰述《かくにょせんじゅつ》の『口伝鈔《くでんしょう》』第十一条にこれと同一と思われるエピソードが記されていて、そこには「親鸞が東国をめぐり歩いていたとき」（鸞聖人《らんしょうにん》東国に御経廻《ごけいかい》のとき）とある。

高熱にうなされるなか、親鸞は浄土三部経の一である『無量寿経』を無意識のうちに読みはじめた。すると、佐貫での千部読誦をめぐる内省を思い出し、自力の信心がまだ残っていたことに気づいて愕然とし、厳しく反省する。そしてそのことを恵信尼に伝えた――。

この出来事は「寛喜の内省」と呼ばれる。

そして恵信尼は、この夫親鸞の深刻な内省体験を、本人の没後にいたって、父親を失って悲しむ娘にはじめて伝え、絶対他力の道を明示し、また励ましの言葉ともしたのである。

病床の親鸞がはいた「まはさてあらん」という台詞は、本書では仮に「真はそうであろう」と現代語訳したが、「今はそうであろう」とか「今はそうしよう」などと現代語訳される場合もあり、解釈の難しい模糊とした表現である。筆者としては、自力の信心を超克することへの親鸞の決意を表した言葉と受け止めておきたい。

越後を出た親鸞は、佐貫で宗教的な覚醒を経験して弥陀の本願への確信を勝ち得、本格的な関東布教を志して常陸へ向かった――「寛喜の内省」をめぐる記録は、流罪という挫折を完全に超克した念仏者の姿をリアルに伝えている。

続々と教化された門信徒たち

東国に生じた初期真宗教団

山伏を教化して往生に導く

親鸞の関東在住はおよそ二十年に及んだと考えられているが、その間、親鸞は具体的にどのような教化活動を行ったのだろうか。

『親鸞伝絵』には、次のようなエピソードが記されている（下・第三段）。

〈親鸞が常陸国で専修念仏の教えを説き広めはじめたところ、多くの人がこれに従ったが、疑い謗る者もいた。

ある山伏は念仏の教えに怨みをいだき、親鸞に危害を加えようとして、その時機を伺っていた。親鸞は板敷山《いたじきやま》（筑波山地にある山）という奥深い山をいつも行き来していたので、その山でたびたび待ち伏せしていたが、しかしなかなか襲うチャンスを得ることができなかった。そのことをつらつら考えてみると、何とも奇特なことに思えてならない。そこで親鸞に直接会おうとして住房を訪ねると、親鸞はためらいもなく出てきた。このとき親鸞の尊顔を目にした山伏は、たちまち危害を加える気持ちを失い、後悔の涙があふれ出た。

しばらくして、山伏はこれまで積み重ねてきた親鸞への怨みをありのままに述べたが、親鸞は少しも驚く様子がなかった。

山伏はその場で弓矢を折り、刀や杖を捨て、山伏のシンボルである頭巾《ずきん》をとり、柿色の衣を脱ぎ捨て、仏教に帰依《きえ》し、親鸞から明法房《みょうほうぼう》という名を与えられた〉

親鸞の門弟となった元山伏明法房の法名は弁円《べんねん》であったとされている。彼は山伏であり、神仏習合の修験道《しゅげんどう》の修行者であった

板敷山大覚寺　板敷山の麓にあり、親鸞法難の地ゆかりの場所に親鸞の弟子大覚が創建した（茨城県石岡市）

弁円済度《さいど》　弁円は武器を捨て、落とした毛髪を手にしている（『御絵伝』第三幅第十一段、本願寺史料研究所）

ので、神祇《じんぎ》への崇拝を専修念仏・浄土往生への妨げと説く親鸞に反撥し、迫害を企てたのだろう。ところが、親鸞に直接会うやその人間性に感化され、念仏の門に入ったというのである。

明法房弁円のことは、後年、京都に戻った親鸞が関東の門徒へ向けて送った書状（建長四年〔一二五二〕二月二十四日付、『親鸞聖人御消息《ごしょうそく》』第二通／親鸞消息の通し番号は『浄土真宗聖典（原典版）』収録の『親鸞聖人御消息』の表記に従った）に言及があり、「明法御房の往生のこと、おどろきまふすべきにはあらねども、かへすがへすうれしくさふらふ」とある。つまり、弁円が浄土往生を遂げたという報せを親鸞は東国門徒から受け、それを当然のこととしつつも、阿弥陀仏の救済を受けたことを心から喜んでいる。

弁円の死を見届けた者が何をもって往生のしるしと

みたのかは定かではないが（念仏を称えながら臨終したということだろうか）、関東からの報せを受けた親鸞は、山伏時代の弁円との出会いを思い起こして、感慨にふけったことだろう。

東国に念仏を広めた面授口決の門弟

ところで、「親鸞は弟子一人ももたずさふらう」というのは『歎異抄《たんにしょう》』に見える親鸞の有名な言葉だが（第六条）、これはあらゆる階層の人間を同朋《どうぼう》視した親鸞の心がけを表現したものであって、現実には、親鸞の弟子を称する人間は数多くいた。そしてその多くは、関東布教時代の親鸞に教化された者であった。

親鸞の弟子に関する基礎史料に『親鸞聖人門侶交名牒』というものがある。親鸞の面授口決《めんじゅくけつ》の門弟（直弟）と、その門弟たちの弟子（孫弟子）の名を一覧にしたもので、面授口決とは、「親鸞と親しく面接して口から教えを受けた」ということである。

複数の古写本が存在するが、そのうちの最古のものと思われる妙源寺本には「康永三年（一三四四）書写」の記載がある。妙源寺本には、親鸞面授口決の門弟として四十八人の名前が挙げられているが、その内訳を出身地（もしくは居住地）別にみると、下野国が真仏《しんぶつ》以下六名、常陸国が入西《にゅうさい》・順信《じゅんしん》以下二十名、下総国《しもうさ》が性信《しょうしん》以下三名、奥州《おうしゅう》が如信《にょしん》以下五名、会津が二名、越後が一名、武蔵が一名、遠江《とおとうみ》が一名、京洛が八名、不明が一名となっている。越後と京洛の出身者以外のほとんどは、関東時代の親鸞に帰入したとみるべきだろう（ただし、奥州在住の如信は親鸞の孫）。この中には『親鸞伝絵』に登場する明法房弁円の名も見える。また京洛での門弟に含められている蓮位《れんい》は、じつは常陸国出身で親鸞関東時代の門弟で、以仁王《もちひとおう》を奉じて平家打倒の挙兵をした源《みなもとの》頼政《よりまさ》の子孫といわれ、親鸞の帰洛に伴って京都に移り、随従している。

親鸞関東時代の高弟としては「親鸞二十四輩《にじゅうよはい》」も知られているが、この二十四人のうちには『親鸞聖人門侶交名牒』の直弟名簿には見出せない人物もいる。二十四輩を定めたのは親鸞ではなく、曾孫の覚如《かくにょ》であったとするのが定説で、当初は「二十余輩」と呼ばれていたらしい。

そして直弟たちもまた布教活動を行ったわけだが、その様子について、歴史学者の赤松俊秀氏はこう描写している。

「その多くはそれぞれに道場を作り、みずからその主となって多数の信者を集め、何々の門徒と称した。道場の規模については具体的に判明しないが、道場主も親鸞同様に出家精進の生活をするのではなく、肉食《にくじき》妻帯の生活を営んだ。…（中略）…道場といっても特に伽藍《がらん》風の建物があるわけではなく、道場主の私宅をそのまま転用したものが多かったと思われる。本尊としては阿弥陀仏の名号《みょうごう》か、または名号を中心にその左右に龍樹《りゅうじゅ》・天親《てんじん》以下三国《さんごく》（天竺《てんじく》・中国・日本）の高僧先徳、源空《げんくう》・親鸞以下の肖像を配した光明《こうみょう》本尊を安置したものが多かった」（『親鸞』）

「名号」とは仏・菩薩《ぼさつ》の名前のことだが、浄土真宗《しんしゅう》で「名号」といえば、「南無阿弥陀仏」の六文字（六字名号）をさすのがふつうである（六字名号の他に、九字名号の「南無不可思議光如来」、十字名号の「帰命尽十方無碍光《きみょうじんじっぽうむげこう》如来」などがあるが、いずれも意味は「南無阿弥陀仏」と同じ）。この名号を本尊とするというのは、名号が書かれた紙を掛物にし、それを本尊として崇めるということである。仏像・仏画ではなく名号を拝む――それは、やや大袈裟にいえば、偶像ではなくロゴスを拝むということである。

こうしたところにも親鸞の教説の革新性を見出すことができる。

親鸞の高弟

親鸞の直弟のうちで重要な人物を挙げておこう。

下総国の性信（一一八七〜一二七五）は鹿島神宮（常陸国）の神官を代々務めた大《おお》中臣《なかとみ》氏の出身で、親鸞門弟の最古参に属し、門下になったのは東山吉水《ひがしやまよしみず》時代だとする伝承があるほどで、越後流罪・関東入りに付き添ったともいわれる。親鸞が関東から京都へ帰ったのちも関東に留まり、鬼怒川《きぬがわ》下流の下総国横曾根《よこそね》（現・茨城県常総市豊岡町）を拠点として伝道にあたり、横曾根門徒のリーダーとなった。『親鸞正明伝』によれば、彼は親鸞を常陸国に招いた小嶋郡司武弘と同じ一族だという。

下野国の真仏（一二〇九〜一二五八）は常陸国を本貫《ほんがん》とする武士椎尾《しいお》氏の出身と考えられているが、親鸞の教化を受けたのち、下野国高田《たかだ》（現・栃木県真岡市高田）の如来堂を拠点に念仏布教を行い、関東で一大勢力を誇った高田門徒のリーダーとなった。親鸞の一番弟子といっていい存在だったが、師に先立って五十歳で没してしまった。しかし如来堂は専修寺《せんじゅじ》に、高田門徒は真宗高田派に発展し、初期真宗教団の中で大きな勢力を占めた。

常陸国の順信《じゅんしん》（?〜一二五〇）も鹿島神宮の社家《しゃけ》の生まれと伝えられ、鹿島門徒を率いた。親鸞二十四輩の第三に列せられる。

真宗研究者の笠原一男氏は、親鸞の直弟のひとりに九十人余りの門徒集団を形成した例がみられることなどから、親鸞関東時代の二十年間に念仏に帰依した者の総数は万をはるかに超えるだろうとしている（『親鸞と東国農民』）。

　そうした帰依者たちは山伏、神官、武士、商人、農民など、さまざまな階層の人びとによって構成されていた。その中には、読み書きもままならぬ者も多くいたことだろう。

鎌倉での一切経校合に参加する

　関東時代の親鸞の行実としては、鎌倉での一切経《いっさいきょう》校合《きょうごう》もしばしば注目される。覚如撰述の『口伝鈔』によると、北条時氏《ほうじょうときうじ》が鎌倉で政治を執っていた頃、北条氏が願主となって一切経（大蔵経《だいぞうきょう》）の書写が行われた。このときテキストの校合のために学僧を招請することになったが、そこで親鸞が尋ね出されて推挙され、親鸞は招請に応じて一切経の校合を行ったのだという。

『親鸞正明伝』には、親鸞は六十余歳のとき相模《さがみ》国江津《こうづ》（神奈川県小田原市国府津）にしばらく滞在したが、ちょうどこのとき北条泰時《やすとき》（時氏の父）が鎌倉で一切経書写の校合慶讃《きょうさん》の法要を催していて、優れた智者ということで親鸞はその法要に招かれ、校合の責任者（宗匠）になった、と書かれている。

『親鸞伝絵』をみると、本願寺系の諸本にはこの話はまったくみえないのだが、佛光寺本だけには、ごく簡潔ながら、北条泰時が主催した一切経校合に親鸞が参加したことが触れられている。

こうしたことからすれば、正確な時期を確定することは難しいが、親鸞が一時鎌倉に入って一切経書写事業に従事したというのは、伝説ではなく、史実である蓋然性が高い。

ただし、校合というのは要するに誤字・脱字のチェックであり、もちろん重要な仕事ではあるが、とくに学僧・高僧が担わなければならないような性格のものではない。一切経は五千余巻に及ぶ。親鸞は、鎌倉幕府に招かれたのではなく、煩瑣な作業のために駆り出されたその他大勢の僧侶のひとりだった、というのが実状に近いのではないだろうか。

なお、この一切経校合については、『吾妻鏡《あづまかがみ》』の記述をもとに、嘉禎《かてい》三年（一二三七）の北条政子《まさこ》十三回忌にあたって追善のために行われた鎌倉大慈寺での一切経供養《くよう》に関連付ける説と、嘉禎元年に鎌倉明王院《みょうおういん》五大堂で将軍九条頼経《よりつね》、北条泰時らが参列のもと行われた一切経供養に関連付ける説の、二つがみられる。大慈寺は現存しないが、その場所は鎌倉市十二所《じゅうにそ》に現存する明王堂に隣接していたらしいので、ひょっとしたら一切経校合は両方の一切経供養に関係していたのかもしれない。書写・校合が終了して供養に至るまでに、二、三年の歳月は掛かったとみるべきだろう。

ＪＲ横須賀線の大船《おおふな》駅と北鎌倉駅の中間付近の線路沿いに、親鸞の一切経校合とのゆかりを伝える成福寺《じょうふくじ》が建っている。寺伝によると、泰時の末男泰次《やすつぐ》は、泰時が発願《ほつがん》した一切経校合のために鎌倉に迎えられた親鸞と出会うと、その教えに感銘を受けて帰依。成仏という法名と聖徳太子の尊像を与えられると、この地に一宇を建立した。これが成福寺のはじまりだという。鎌倉で唯一の浄土真宗寺院である。

『教行信証』の執筆

関東で大部分が書かれた主著

謎の多い『教行信証』の制作年代

親鸞関東時代の行実としては、もうひとつ挙げておかなければならないことがある。それは『教行信証《きょうぎょうしんしょう》』の執筆である。

『教行信証』は全六巻からなる親鸞の主著だが、じつは同書にはいつ脱稿したのかは明記されておらず、また、『親鸞伝絵』も『親鸞正明伝』も、『教行信証』には触れていない。

ただし、『教行信証』本文には、脱稿時期を知る手掛かりが示されていた。化身土《けしんど》巻の末法の計算をする箇所をみると、釈迦が涅槃《ねはん》に入った周の穆王《ぼくおう》五十三年（紀元前十世紀）から「我が元仁《げんにん》元年」に至るまで、二千百八十三年が経過している、といったことが書かれている。そこで、ここにみえる元仁元年＝西暦一二二四年が『教行信証』の制作年代や完成年を示しているのではないか、とされたのである。この年代は親鸞が関東で教化を行っていた時期にあたる。こうしたこともあって、浄土真宗では、この元仁元年を立教開宗の年としてきた。

ところが、昭和戦後になると、元仁元年完成説が揺らぎはじめた。

『教行信証』の親鸞自筆本としては坂東本《ばんどうぼん》と呼ばれる東本願寺所蔵本が知られているが、昭和二十九年（一九五四）にその解装修理が行われたところ、坂東本が従来いわれていたような初稿本ではなく書写本であることが判明したからである。その調査を行った赤松俊秀氏はこうまとめている。

「坂東本は幾たびか本文に改訂が加えられ、

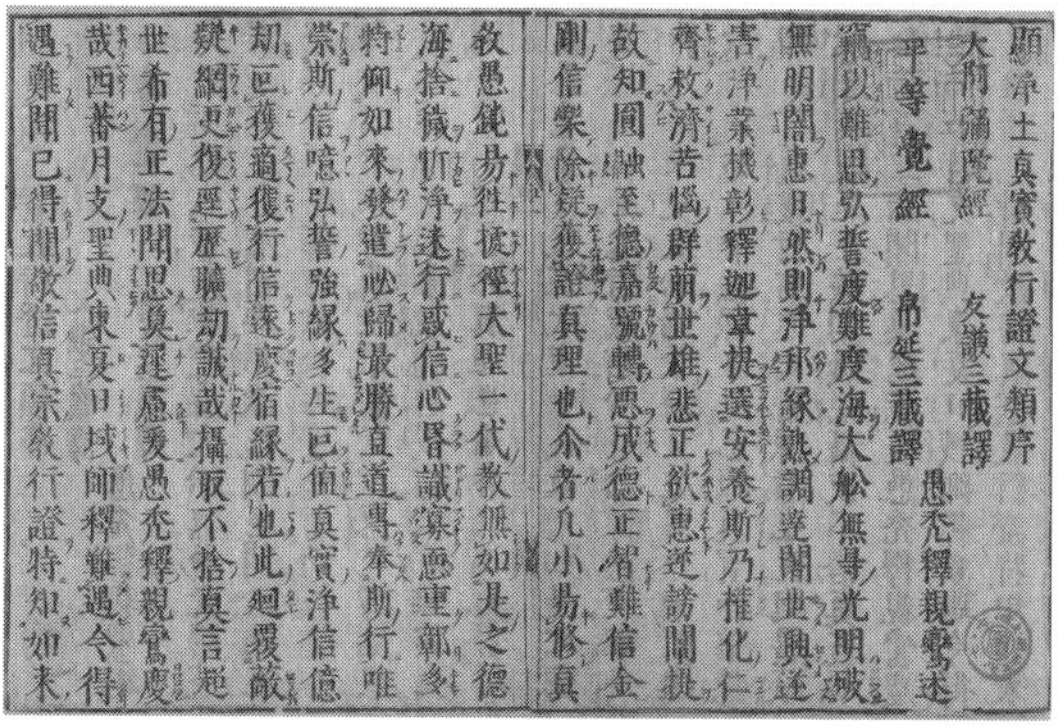
顯淨土眞實教行證文類序
大阿彌陀經　支謙三藏譯
平等覺經　帛延三藏譯　愚禿釋親鸞述
竊以難思弘誓度難度海大船無碍光明破
無明闇惠日然則淨邦緣熟調達闍世興逆
害淨業機彰釋迦韋提選安養斯乃權化仁
矜哀濟苦惱群萠世雄悲正欲惠逆謗闡提
故知圓融至德嘉號轉惡成德正智難信金
剛信樂除疑獲證眞理也爾者凡小易修眞
教愚鈍易往捷徑大聖一代教無如是之德
海捨穢忻淨迷行惑信心昏識寡惡重障多
特仰如來發遣必歸最勝直道專奉斯行唯
崇斯信噫弘誓強緣多生叵値眞實淨信億
劫叵獲遇獲行信遠慶宿緣若也此廻復爲
疑網更復逕歷曠劫誠哉攝取不捨眞言超
世希有正法聞思莫遲慮爰愚禿釋親鸞慶
哉西蕃月支聖典東夏日域師釋難遇今得
遇難聞已得聞敬信眞宗教行證特知如來

『教行信証』（冒頭）　真宗十派（真宗教団連合）では、親鸞が『教行信証』を著したことをもって立教開宗とし、その年を元仁元年（1224）としている（江戸時代の版本、国立国会図書館）

一見初稿本であるかのように見えるが、本文の書き方その他から判断すると、初稿本そのものではない。坂東本以前に一応完成した一本があり、坂東本はそれを書写したものである」(『親鸞』)

さらに赤松氏によれば、坂東本の書写年時は筆跡から文暦《ぶんりゃく》元年(一二三四)頃と推定され、また、「元仁元年」のくだりは本文を書き直したときの書き入れと考えられ、初稿本にはなかった可能性がある、とも指摘している。

結局現在では、『教行信証』は短期間に一気に書き上げられたものではなく、親鸞は関東時代に執筆を開始し、その後何度も手を入れ、京都に移ってから清書し、さらに手を加えて完成させていった、とみるのが通説となっている。京都帰住時代の寛元《かんげん》五年(一二四七)、七十五歳のときに弟子の尊蓮《そんれん》が書写しているので、そのときにはほぼ完成していたはずということになる。

ともあれ、少なくとも草稿は関東在住時代に粗方書き終えられていたはずである。

往相廻向・還相廻向の主体は、人間ではなく阿弥陀仏

『教行信証』は正しくは『顕浄土真実教行証文類《けんじょうどしんじつきょうぎょうしょうもんるい》』といい、教・行・信・証・真《しん》

仏土《ぶつど》・化身土の全六巻から成っている。正式書名の『顕浄土真実教行証文類』に、通称『教行信証』にはみえる「信」が入っていないが、これは、信巻が最初の構想になかったことを示しているといわれる。また、行巻末尾にある偈頌《げじゅ》は「正信偈《しょうしんげ》」と呼ばれ、浄土真宗での日常の勤行で読誦される。

その内容を大ざっぱにいえば、さまざまな経典・論書・注釈書を引用しながら、浄土の教えが唯一真実の正しい仏教であることを論証したもの、ということになる。余談になるが、前述したように、親鸞は鎌倉での一切経校合に加わったと考えられるが、この校合によって多くの経論を参照できたことは、『教行信証』の執筆に大いに資したはずである。校合の際にメモなどをとることがあったかもしれない。

『教行信証』は親鸞思想の集大成といえるが、漢文体できわめて難解であり、文章も読みにくい。筆者も内容を正しく理解しているとは到底言えないわけだが、ここでは、解説書なども参照しながら、ポイントと思われるところをみておきたい。

第一巻の教巻冒頭は、次のような文章ではじまっている。

「謹んで浄土真宗を按《あん》ずるに、二種の廻向《えこう》あり。一には往相《おうそう》、二には還相《かんそう》なり」

「浄土真宗」という言葉が置かれているが、これは宗派名のことではない。「浄土の真実の教え」という意味であり、阿弥陀仏が衆生《しゅじょう》救済のために立てた本願のことでである。

ちなみに、宗派名としての浄土真宗は、もちろん親鸞がこの語を用いたことに由来しているのだが、親鸞の教団は明治維新までは一向《いっこう》宗、門徒宗、念仏宗などと呼ばれて一定せず、明治五年（一八七二）になってようやく「真宗」が教団名として公認され、さらに真宗内の最大勢力である本願寺派が昭和二十一年（一九四六）から「浄土真宗」を公称するようになったのである。親鸞自身は、法然の教えの正当な継承者を任じていたはずで、ことさら新しい「宗派」を起こそうという意識はもっていなかっただろう。

話を戻すと、その浄土の真実の教えには、往相廻向と還相廻向の二種があるという。廻向（回向）というのは「自らが積んだ功徳《くどく》を他者に振り向ける」ということだが、その廻向のあり方に、往相と還相の二種があるというのだ。

ここで、浄土教における往相と還相についての一般的な解説をすると、まず往相というのは、自己の功徳を一切衆生に廻向しながら、この世から阿弥陀仏の極楽浄土へと生まれ変わることである。一方、還相とは、極楽浄土に生まれ変わってから瞑想修行をして悟りを開き、そのうえで今度はこの世に戻って衆生《しゅじょう》に功徳を廻向し、衆生を救済することである。ここで注目したいのは、往相であれ、還相であれ、廻向を行う主体は浄土に往還する自己（人間）であり、自己が衆生に廻向することこそが菩薩道《ぼさつどう》だとされていることである。

ところが親鸞は、往相廻向・還相廻向の主体を、人間ではなく、阿弥陀仏だと解した。阿弥陀仏が廻向するというのである。

「往相廻向は、阿弥陀仏が自らの功徳を衆生にめぐらして、阿弥陀如来の安楽浄土に往生させるのであり、還相廻向は、往生した衆生を阿弥陀仏が生死の世界に送り返し、一切衆生を教化して仏道に向かわせる」（末木文美士『親鸞』）と、親鸞は説いたのだ。これは、末木氏も指摘するように、徹底した他力主義の表明であり、ここに親鸞思想の大きな特色を認めることができる。

末法を直視して絶対他力にすべてをゆだねる

そして、阿弥陀仏からの廻向を受け取ることができた人間は、死後に浄土におもむく前に、すでに現世において救済にあずかるのだという。

「煩悩成就《ぼんのうじょうじゅ》の凡夫《ぼんぷ》、生死罪濁《しょうじざいじょく》の群萌《ぐんもう》、往相回向の心行《しんぎょう》を獲《う》れば、即《すなわち》のときに大乗《だいじょう》正定聚《しょうじょうじゅ》の数に入《い》るなり。正定聚に住するが故《ゆえ》に、必ず滅度《めちど》に至る」（証巻）

現代語訳すると、「煩悩にまみれ、迷いの罪に汚れた衆生は、阿弥陀仏から廻向された信心と念仏を得ると、たちどころに正定聚の位に入る。正定聚の位にあるから、浄土に往生すると必ず悟りに至る」。「正定聚」とは、浄土に往生することに定まっている人びとのことをいう。阿弥陀仏からの廻向を受け取って信心に目覚め、絶対他力に徹して念仏をすれば、その人はただそれだけで、往生が決定し、必ず浄土に至って悟りに至るのだという。

この見方を極論すれば、阿弥陀仏のはたらき（本願力）に心身をゆだねきって念仏を称えた者は、その瞬間、現世において、悟りの境地に入る、ということになろう。阿弥陀仏から廻向をいただいた時点で、往相廻向を受け取った時点で、すでにその人は往生していると言い換えてもよい。

そして親鸞は、このような浄土真宗＝「浄土の真実の教え」＝を、他の諸宗の教え＝聖道門に優る、唯一正しい仏教のあり方として強調する。これは、自分は末法の世を生きているということを、親鸞が深く自覚していたことと大きく関係している。

仏教では釈尊入滅後の時代を、正しい仏法が行われる「正法《しょうぼう》」、教法と修行者は存在するが正しい修行が行われず悟りを開く者が現れない「像法《ぞうぼう》」、教法は残るがいかに修行しても悟りの証が得られない「末法《まっぽう》」の、三つに分類する。そして日本では、中国の教説などを根拠に永承《えいしょう》七年（一〇五二）を末法第一年とする認識が広まり、平安時代中期から鎌倉時代にかけては末法思想が流行した。

こうした時代認識のもとで、親鸞は、末法の時代には自力・難行の聖道門は全く役に立たず、他力・易行の浄土門のみが有効だとした。末法にあっては、持戒の清僧ではなく、「名字《みょうじ》の比丘《びく》」、すなわち破戒・無戒の名前だけの僧侶こそが、言い換えれば非僧非俗こそが、福田《ふくでん》なのだとも説いている。

親鸞は非僧非俗をみずから実践することで末法を直視し、一切のはからいを捨てて、絶対他力の海へと沈潜していった。それは、師法然ですら成しえなかった道であった。

京都帰還

著述と念仏の日々

六十三歳頃に帰洛か

親鸞は、関東におよそ二十年滞在して念仏布教にいそしんだのち、ようやく京都へ戻り、以後は終生京都で暮らした。

親鸞の帰洛については、かねて二つのことが論じられてきた。①親鸞はいつ帰洛したのか、と、②親鸞はなぜ帰洛したのか、である。

『親鸞伝絵』は帰洛について、「聖人東関《とうかん》の堺をいでて華城《かせい》の路《みち》におもむきましましけり」(下・第四段)、つまり「関東の境を出て京都への道についた」と記すのみで、①も②も明らかにしない。

まず①について考えてみると、『親鸞正明伝』は、親鸞は六十余歳頃に関東の境である箱根を越え、京都に入ったのは嘉禎《かてい》元年（一二三五）秋、六十三歳のときだったとしている。

箱根霊告　京への帰途、親鸞一行は箱根の山道を越え立ち寄った家で、箱根権現のお告げを受けた老人からもてなしを受ける（『御絵伝』第四幅第十二段、本願寺史料研究所）

五十代の終わりに帰洛したのではないかとする説もみられるが、先述したように、親鸞が参加した鎌倉での一切経校合が、嘉禎元年もしくは嘉禎三年に行われた一切経供養の数年前のことであったとすれば（143ページ）、嘉禎元年頃・六十三歳頃の帰洛としておおむね矛盾はない。

鎌倉幕府は念仏取り締まりをはじめていた

次に②の問題だが、「関東布教がある程度成功を収めたため」「『教行信証』を完成させるため」「経済的な問題」など、いくつもの説が出されていて、定説はないといっていいと思われるが、ただし、そのなかで筆者が注目したいのは、「鎌倉幕府が念仏取り締まりをはじめたため」という説である。嘉禎改元前の文暦《ぶんりゃく》二年（一二三五）七月十四日、それまでは念仏に比較的寛容であった鎌倉幕府は、風紀を乱す悪質な念仏者は追放する旨の法令を出した。当時の執権は北条泰時である。

道心堅固な念仏者は問題ないということであったが、事実上の念仏取り締まり令であり、親鸞にも累が及ぶ恐れは生じただろう。しかも、ちょうどこの時期、親鸞は一切経校合のために鎌倉近辺に滞在していたはずで、幕府から目をつけられやすい状況にあった。それやこれやで、親鸞は関東を離れて京都に戻ることを決意したのではないか。また、取り締まり令が出た文暦二年七月からまもなく関東を発ったとすれば、帰洛は八月頃になったはずで（鎌倉・京間は徒歩で約二週間）、同年秋（七〜九月）に帰洛したとする『親鸞正明伝』の伝承と合致するのも興味深いところである。

だがしかし、念仏取り締まりを帰洛の理由とする説にも難点がある。

まず第一に、もし関東での弾圧を逃れるために帰洛したのだったとすれば、関東に残された親鸞の門弟たちはどうなるのか。親鸞は彼らを見捨てて関東を発ったことになる。そんなことはあり得るだろうか。

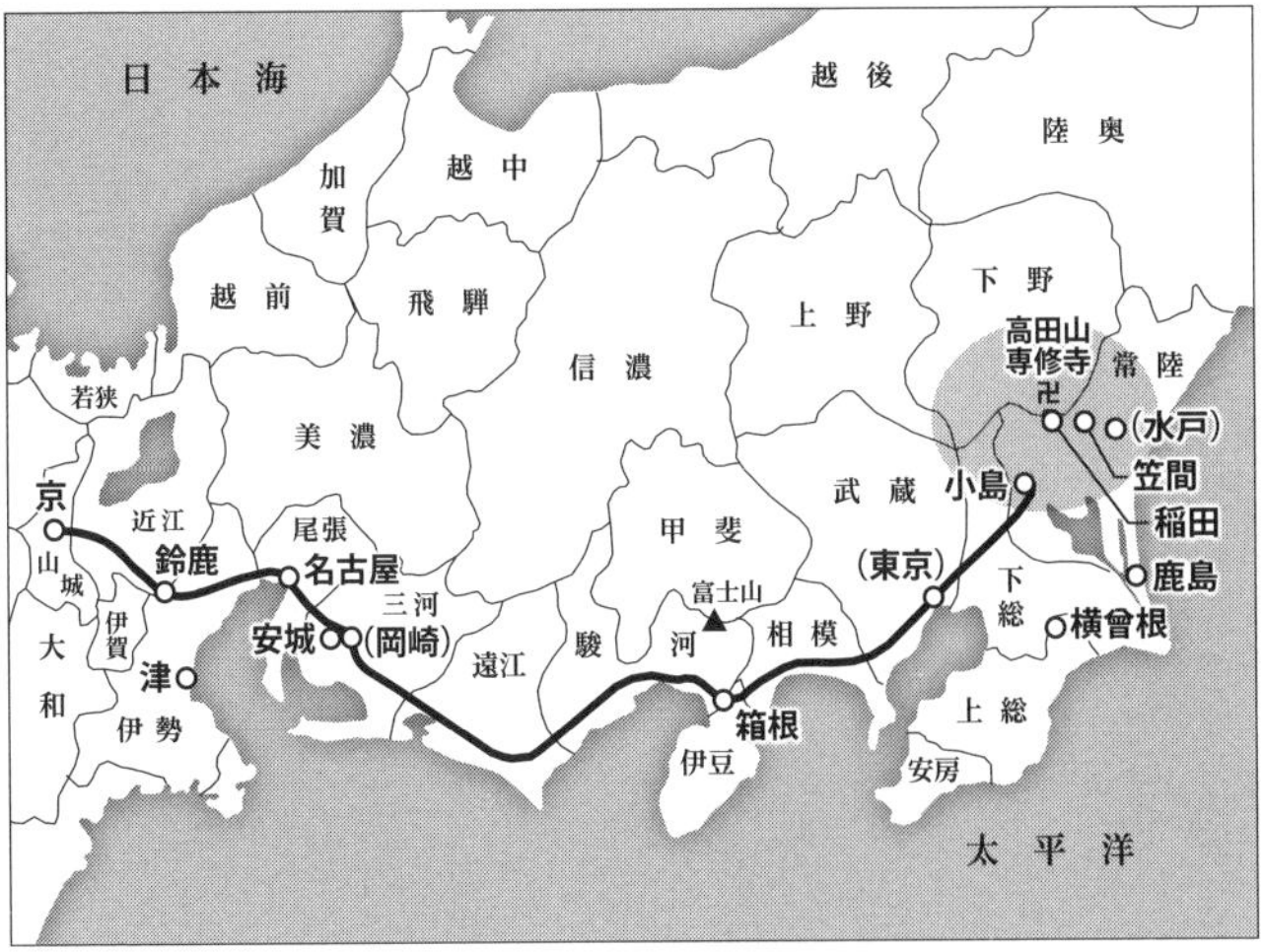

親鸞の足跡②　20年近く関東を拠点にした親鸞は嘉禎元年（1235）頃に帰京する（ルートは『親鸞伝絵』による。一部推定）

第二に、この頃も京都では相変わらず念仏は邪宗視されていたので、そこもまた念仏者には決して居心地のいい場所ではなかったはずである。

還暦六十を越えて、生まれ故郷が恋しくなった――親鸞帰洛の一番の理由は、案外に、このようなごく単純なものであったのかもしれない。

家族を連れて京の下町に住む

親鸞帰洛に関連して気にかかるのは、家族の動静である。親鸞は妻子を連れて京に帰ったのだろうか。

このことについても親鸞の伝記史料は何ら触れず、沈黙している。そのため、妻子を同伴した、いや妻子は関東に留まった、恵信尼は越後へ向かったなど、さまざまに推測される状況となっている。

だが、親鸞が末法の僧として在俗の家庭生活を送りながら浄土門の伝道を行うことに使命感を抱いていたとしたら、妻子とともに京へ向かったとみるべきではないだろうか。親鸞六十三歳時には末娘の覚信尼（王御前《おうごぜん》）は十二歳。まだ見ぬ父親の故郷と憧れの都への期待に胸をふくらませながら、少女は京への旅路を歩んだことだろう。

和讃など、多くの著述に取り組む

さて、『親鸞伝絵』によれば、帰洛した親鸞は当初、市中の住まいを転々と変えたが、やがて五条西洞院《にしのとういん》のあたりを勝地として住み留まったという。

現在の京都市下京《しもぎょう》区松原通《まつばらとおり》西洞院がその場所にあたり、同地にある光圓寺《こうえんじ》は親鸞在所の旧跡と伝えられている。商家・民家が軒を並べる下町風情の区域だが、鎌倉時代も同じような雰囲気だったらしい。そこは、あの六角堂からさほど遠くない場所であり、また『親鸞正明伝』にもとづけば、新婚時代の親鸞と玉日姫が住んだのもこのあたりであった。

帰洛した親鸞は遷化するまでの三十年弱を京都で過ごすことになったのだが、京中で表立って念仏布教を行って人を集めるようなことはしなかったようだ。これはやはり、専修念仏が朝廷や権門寺院からまだ白眼視されていたことがからんでいたのだろうか。ここは、師の法然と大きく異なるところである。

ちなみに、『親鸞聖人門侶交名牒』（妙源寺本）が京洛時代の親鸞直弟として挙げる八名のうち、四人は親鸞の親族で、一人は、先にも記したように実際には関東時代の弟子蓮位である（138ページ参照）。

光圓寺の門前に立つ石碑　諸説ある親鸞入滅の地の１つとしても知られる（京都市下京区）

では、何をしていたのかというと、まずは著述である。先にも記したように、清書を含めて主著『教行信証』の完成に向けて励んだのは、帰洛後のことと考えられている。寛元五年（一二四七）、

六字名号　恵信尼公廟所に立つ親鸞直筆のレリーフ。「南無阿弥陀仏」が六字であることから六字名号と言われる（新潟県上越市）

七十五歳時に弟子尊蓮が書写することを許可していることから、この時点では一応完成していたと推測されているが、その後も加筆修正が行われた可能性があるという。

『浄土和讃《わさん》』『高僧和讃』『正像末《しょうぞうまつ》和讃』からなる三帖《さんじょう》和讃は、親鸞晩年の七十代から八十代にかけての時期に書かれたとみられている。和讃とは和語の歌詞による仏徳賛美の歌で、仏教教義がわかりやすく説かれている。漢文の『教行信証』はきわめて難解なので、一般庶民にも理解できるようにという意図も込めて親鸞は膨大な和讃を作成したのだろう。ほんの少し紹介しておこう。

「弥陀成仏《みだじょうぶつ》のこのかたは　いまに十劫《じゅうこう》をへたまへり　法身の光輪きはもなく　世の

盲冥《もうみょう》をてらすなり」（『浄土和讃』）

「本師源空《ほんじげんくう》世にいでて　弘願《ぐがん》の一乗ひろめつつ　日本一州ことごとく　浄土の機縁あらはれぬ」（『高僧和讃』）

「釈迦如来かくれましまして　二千余年になりたまふ　正像の二時はおはりにき　如来の遺弟悲泣《ゆいていひきゅう》せよ」（『正像末和讃』）

その他にも、『愚禿鈔《ぐとくしょう》』『一念多念文意《いちねんたねんもんい》』『唯信鈔文意《ゆいしんしょうもんい》』『西方指南抄《さいほうしなんしょう》』など、親鸞は数多くの著述を帰洛後、精力的に行っている。

京まで親鸞を訪ねてきた関東の門徒たち

親鸞は、関東の門弟との手紙（消息）のやりとりというかたちでも教化を続けていた。親鸞の消息とされるものは四十三通現存するが（そのうち自筆原本が残るのは十一通）、そのほとんどは関東の門弟に向けて書かれたもので、内容は彼らの信心に関する質疑への回答が主である。しかも、九割方は最晩年の八十歳代に書かれたものだ。

その消息の中で一番最後に書かれたと思われるものは、遷化の二年前である文応《ぶんおう》元年（一二六〇）十一月十三日付の常陸国乗信《じょうしん》宛のものである（『親鸞聖人御消息』第十六通）。その中で親鸞は、阿弥陀仏への信心が定まった人は臨終の良し悪しにかかわらず必ず往生して救われると説き、このことをみんなに伝えてほしいと記して結んでいる。

書状のやり取りだけでは満足できず、関東から遠路はるばる上洛して、直接親鸞のもとを訪ねる門弟もいた。『親鸞伝絵』には、常陸国の平《へい》太郎《たろう》という門徒が、領主の従者として熊野参詣に向かう途次、神祇崇拝の可否を問うべく京の親鸞を訪ね、熊野神の本《ほん》地《じ》である阿弥陀仏の本願にまかせるのならば問題ないといわれて納得するというエピソードが記されている（下・第五段）。

熊野霊告　京の親鸞のもとを訪ねる東国門徒・平太郎の姿が描かれている（『御絵伝』第四幅第十三段、本願寺史料研究所）

『歎異抄』には「おのおの十余ヶ国

のさかひをこえて、身命《しんみょう》をかへりみずして、たづねきたらしめたまふ御《おん》こころざし、ひとへに往生極楽のみちをとひきかんがためなり」（第二条）とあり、つまり、親鸞に極楽往生の道を聞くべく関東から命懸けで人びとが次々にやってきたことが示されていて、門徒の訪いの絶えない親鸞の住房の様を想像させる。

そして親鸞は、訪ねてきた門弟たちに法話をするだけでなく、著述を書写させたり写本を授けたりすることもあったらしい。

また、親鸞消息には東国門徒からの懇志に対する謝辞を記したものが見受けられる。門徒たちから送られる財施が都での親鸞の生活の大きな支えになっていたのだろう。

善鸞義絶事件

「造悪無碍」をめぐる最晩年の苦闘

関東で異義を広めた息子を義絶する

京での親鸞は、著述や門弟たちとの交流にいそしんでいたが、最晩年に至って、彼の人生に暗い影を落とす騒動が起きてしまった。いわゆる善鸞《ぜんらん》義絶事件である。これは『親鸞伝絵』や『親鸞正明伝』にはまったく触れられていない話なのだが、親鸞の消息からその経緯が粗方明らかとなっている。まずは事件のあらましを記しておこう。

親鸞が八十歳ぐらいの頃、関東の門弟たちのあいだで念仏信仰が乱れているという報せが届いた。具体的にいうと、関東に「造悪無碍《ぞうあくむげ》」の教説がはびこってしまったらしいのだが、造悪無碍とは何かについてはのちほど改めて解説したい。

このとき老齢の親鸞は、息子の慈信房《じしんぼう》善鸞を自分の代理として関東に送り込み、信仰の誤りを正そうとした。

善鸞は一般に親鸞と恵信尼のあいだの長子とされるが、異説もある。生年不詳だが、彼が長子だとすれば、次子の明信は承元五年（一二一一）生まれなので、生年はそれ以前となり、親鸞八十歳時（一二五二年）には少なくとも四十代にはなっていたという計算になる。関東時代の親鸞につねに同行していたかどうかは不明だが、父親に師事して浄土念仏を学び、親鸞八十歳頃にはとにかく京にいたらしい。

父の命で関東に下向した善鸞だったが、現地では親鸞面授の弟子たちと意見が衝突してしまう。それどころか、自分は父親から夜中にひそかに秘義を授かったのだと、門徒たちに言いふらして惑わした。こうしたことを知った親鸞は書状で善鸞をたしなめるが、混乱は収まらない。やがて善鸞は弥陀の本願をしぼんだ花にたとえて門徒に念仏を捨てさせ、対立する親鸞の直弟たちを鎌倉幕府に誣告《ぶこく》し、訴訟を引き起こした。

そこで親鸞は建長《けんちょう》八年（一二五六）五月二十九日、ついに「今は父子のぎ（義）はあるべからず」「こ（子）とおもふことおもいきりたり」（『親鸞聖人御消息』第九通）という強い口調で善鸞を義絶する旨の書状を書き送り、また関東の高弟性信にも書状でこのことを伝え、門徒たちに周知させるよう依頼している。

つまり、父子の縁を切ったのである。親鸞はこのとき八十四歳であった。

なお、親鸞の善鸞義絶状には、善鸞が恵信尼と思われる女性のことを「継母」と呼んで謗ったことを難詰する箇所があり、議論の的となっている。もしこれが本当なら、善鸞は恵信尼の実子ではないことになる。ひょっとして、彼は玉日姫が生んだ子であったのか。

造悪無碍を生んだ悪人正機説

善鸞が関東へ派遣されるきっかけとなった「造悪無碍」とは、浄土信仰の異端のひとつで、端的にいえば、「どんな悪を行っても、往生の障りとはならない」という主張である。

ただし、何をもって「悪」と定義するのかという問題はひとまず措くとして、もともと浄土信仰や親鸞の教えに「悪」を是認するような要素がみられたことは確かである。それは、具体的にいえば、いわゆる「悪人正機《あくにんしょうき》」の教えである。

悪人正機説の場合も「悪」の定義をめぐっていろいろと議論があり、解釈が非常に難しい教説なのだが、本書ではそこは深入りせず、次のようなごく一般的な解釈を提示するに留めておくことにしたい。

「自力で善根を積み重ねることができる善人ではなく、煩悩の深い悪人こそが、阿弥陀仏の救いの対象である」

この悪人正機説を伝える親鸞の言葉として有名なのが、『歎異抄』にある「善人なをもて往生をとぐ、いはんや悪人をや」（第三条）である。「阿弥陀仏をよりどころとしない自力の人間（善人）ですら阿弥陀仏に救われて往生するのだから、ただ阿弥陀仏にすがるほかない、できの悪い他力の人間（悪人）が阿弥陀仏に救われて往生するのは当然である」ということである。

この悪人正機を極端に解釈すると、「悪人こそ阿弥陀仏に救われるのだから、どんな悪行を働いてもかまわない」という論理となり、造悪無碍の主張も生じてくることになる。また造悪無碍は、浄土信仰のもうひとつの代表的な異義である、「本願ぼこり」とも連関している。本願ぼこりは、「念仏を称える者はどんな者でも浄土に迎える」という阿弥陀仏の本願を絶対視するあまり、「自分は何をしてもかまわない」という態度に陥ることである。本願ぼこりは悪を恐れないということであり、往生の妨

善鸞の墓　親鸞巡錫の地に善鸞が創建したと伝わる弘徳寺の墓地にある（神奈川県厚木市）

げであるとして、親鸞は厳しく戒めている。

造悪無碍も本願ぼこりも、法然の時代から取り沙汰されてきた専修念仏の問題点である。そもそも『歎異抄』にみえる悪人正機説は、親鸞ではなくじつは法然が説いたものだとする見解もある。

善鸞は関東に広まっていたこうした造悪無碍を是正するために派遣されたのだったが、現地では門徒たちを思うように説得することができない。そこで、「自分だけが父親から正しい教えを密かに授かっているのだ」と自身を権威化することで、強引に帰伏させる手段に出たのだろうか。ところが、それがかえって混乱を広げ、父親から義絶される、という最悪の結末を招いてしまったのだ。

ただし、義絶の決定的証拠といえる書状には親鸞親筆のものが残っていないため、対抗した関東門徒による策謀の可能性を指摘する声もある。

なお、善鸞はそのまま東国に残り、独自の教団を形成したという伝承がある。秘密裏に教義を伝授することを重んじる真宗の異端的信仰（異安心《いあんじん》）のことをとくに「秘《ひ》事法門《じほうもん》」と呼ぶが、善鸞はその元祖的な存在に位置づけられている。善鸞の墓と伝えられるものが、神奈川県厚木市の弘徳寺《こうとくじ》と福島県西白河郡泉崎《いずみざき》村に残されている。

また、善鸞の子如信《にょしん》は、父と一緒か、もしくは相前後して関東に赴き、共に行動したと考えられている。如信は京都で生まれ、祖父親鸞のもとで真宗の教義を直接学んだとされている。下向後もそのまま東国に留まって没しているが、何度か上洛し、京都大谷で覚如《かくにょ》（覚信尼の孫）に親鸞から受けた真宗の正義を教え授けたという。そのため、本願寺では、親鸞を真宗法系の初代、如信を第二代、覚如を第三代に位置づけている。

往生

九十歳で遷化し、大谷に葬られる

弟尋有の住房に身を寄せる

帰洛後の親鸞は、先に触れたように、町中の五条西洞院に長く住んでいた。ところが、親鸞消息などによれば、建長七年（一二五五）の暮れにこの禅房は火災に遭ってしまった。焼け出された親鸞は、三条富小路《とみのこうじ》の善法坊《ぜんほうぼう》に身を寄せた。正確にいうと、そこは比叡山延暦寺東塔《ひえいざんえんりゃくじとうどう》にあった善法院の里坊であったが、出家して延暦寺僧となっていた親鸞の弟、尋有《じんぬ》が住んでいたらしい。つまり、親鸞は弟の住房に寄寓したのだった。親鸞は八十三歳で、善鸞義絶事件の前年のことである。そこは、親鸞にとって終《つい》の棲家となった。

その場所（善法坊跡）については、中京《なかぎょう》区虎石《とらいし》町の御池《おいけ》中学校付近とする説と、右京区山ノ内の角坊《すみのぼう》とする説の二つがあるが、前者のほうが有力である。

火事や息子の義絶といった騒動は、老齢の心身にはいたくこたえただろう。しかもこのとき、彼のそばには妻恵信尼の姿がなかった。

　恵信尼は帰洛する親鸞と関東で別れて越後へ向かったとする説があることはすでに触れたが、善鸞義絶が行われた時期にはほぼ確実に越後にいて、親鸞とは明らかに別れて暮らしていた。『恵信尼消息』にある建長八年七月九日付と九月十五日付の手紙（譲状《ゆずりじょう》）が、越後から京にいる覚信尼へ宛てて書かれたものとみられるからである。恵信尼が親鸞と別居して越後に住んだ理由については、「自分の親から相続した

善法坊跡　柳馬場通に面して「見真大師遷化之旧跡」と刻まれた碑が立つ。見真大師は親鸞の諡号（京都市中京区）

越後の所領・下人などの財産を管理する必要があったから」など、いろいろと説がみられるが、はっきりしたことはわからない。ともかく、二人は遠く離れて暮らしていた。

高齢の親鸞は、娘の覚信尼や、秘書役を務めた高弟蓮位らに支えられながら、著述や念仏の日々を京で送っていたと思われる。

奇瑞を見せることなく、浄土往生へ

『親鸞伝絵』によると、親鸞は弘長《こうちょう》二年（一二六二）十一月下旬から体調を崩し、しゃべることがあまりなくなり、ただ念仏を称えるばかりとなっていった。

そして二十八日の正午、ついに涅槃《ねはん》の時がやってきた。

「頭北面西右脇《ずほくめんさいうきょう》に臥《ふし》たまひて、つひに念仏のいきたえをはりぬ」（下・第六段）

頭を北に、顔を西に向け、右脇を下にして横たわり、つまり釈迦の入滅と同じ姿勢をとると、息が絶え、臨終となったのである。九十歳であった。

『恵信尼消息』中の、親鸞遷化の報せを受けた恵信尼が覚信尼へ書き送った返信（第一通、第二通）の記述から、親鸞の臨終には、覚信尼のほかに、親鸞と恵信尼のあいだの末男である益方《ますかた》も立ち会っていたことがわかっている。おそらく、蓮位もその場にいただろう。高田門徒の顕智《けんち》や専海《せんかい》も駆けつけていたといわれている。

洛陽遷化①　善法坊にて往生の後、遺骸を輿に納める場面が描かれている（『御絵伝』第四幅第十四段、本願寺史料研究所）

一般に高僧の臨終は、紫雲が現れる、光明が射す、天から妙なる音楽が聞こえてくる、芳香が漂うなどといった、瑞相《ずいそう》の出現をまじえて語られることが多い。もちろん、そこには大小の誇張や美化が施されているのだろうが、たとえば法然臨終の際には、『法然上人行状絵図』によれば、坊舎の上空に紫雲が棚引き、阿弥陀仏来迎《らいごう》の兆しととらえられたという。また、平安時代に盛んに編まれた『往生伝』には、臨終の前後に瑞相を出現させた高僧の話をいくつも見出すことができる。

ところが、『親鸞伝絵』は、親鸞臨終に関してはそのような瑞相の類をなんら記さず、あっさりとした叙述となっている。これは『親鸞正明伝』でも同じである。

九十歳で亡くなった親鸞の死因はおそらく老衰のようなものであったのだろう。だからきっとその臨終は、親鸞伝が示唆するように、高僧にはあまり似つかわしくない、誰から見ても、何の瑞相もない、あっけないものであったのかもしれない。

もしそうだったとすれば、看取りをした覚信尼たちが、こんな不安を抱いたとしても不思議ではない。

「本願他力の道を生き抜いた父親は、はたして浄土往生を遂げることができたのだろうか？」

こんな疑念に対して、「往生したことは疑いない」ときっぱり断言したのが、恵信尼であった。

越後にいた恵信尼はもちろん親鸞の臨終に立ち会うことはできなかった。しかし彼女は、親鸞遷化を報せる覚信尼の手紙への返信の中で、こう書き記している。

「なによりも殿の御わうじやう、中々はじめて申におよばす候」（『恵信尼消息』第一通）

親鸞の往生は当然のことで、こと新しく言うほどのことではない、というのである。

洛陽遷化②　延仁寺で遺骸を荼毘に付す場面が描かれている（『御絵伝』第四幅第十四段、本願寺史料研究所）

阿弥陀仏の救いに身をゆだねきった絶対他力の立場からすれば、欺瞞めいた俗世の奇蹟など、もはや何の意味ももたないということなのだろう。

親鸞の遺体は鴨川を渡り、東山西麓の鳥《と》辺《べ》野《の》の南辺にある延仁寺《えんにんじ》へ運ばれ、荼毘《だび》に付された。鳥辺野は京都古来の葬地であった。そして遺骨は、鳥辺野の北辺の「大谷《おおたに》」と呼ばれた地にもうけられた墓に納められた。

そこは、かつて師法然が念仏布教の拠点とし、若き日の親鸞がその謦咳《けいがい》に接した、あの吉水《よしみず》草庵のあった場所とは、指呼の間であった。

コラム

親鸞の深層③

隠れ念仏と隠し念仏

秘密結社化した念仏信仰

江戸時代、九州の薩摩《さつま》藩と人吉《ひとよし》藩では浄土《じょうど》真宗《しんしゅう》が一貫して禁制とされ、真宗寺院は一宇の存在も許されなかった。そしてキリシタンの場合と同様、信者は捕らえられて拷問を受け、転宗を拒むと死罪となるケースもあった。

真宗禁制の理由については、じつはよくわかっていない。天正《てんしょう》十五年（一五八七）、豊臣秀吉が薩摩の島津氏を攻めたときに真宗門徒が秀吉方の道案内をしたためという説明が広くなされているが、島津氏はそれ以前から真宗を弾圧していた。一向一揆《いっこういっき》を危惧していたのかもしれない。

こうした弾圧にもかかわらず、秘密裡に信仰を守った門徒たちも数多くいて、彼らの念仏信仰もしくはその信仰集団はとくに「隠れ念仏」と呼ばれる。彼らは深夜、人里離れた洞穴や人目につきにくい土蔵の二階などにひそかに少人数で集まり、念仏行をして信仰を確かめあった。

このような隠れ念仏の一派に、表向きは霧《きり》島《しま》神宮を崇敬する修験道組織のかたちを装ったものがあり、これはカヤカベ教と呼ばれる特異な教団を形成した。霧島神宮周辺の村落の隠れ念仏が秘密結社化したもので、カヤカベの称の由来は、本尊を茅《かや》の壁に隠していたためとも、山中で茅壁を立てて法座を開いたためともいわれるが、はっきりしていない。『御書物《おしょもつ》』と呼ばれる五部構成の書物が教典として伝授され、深夜に土俗化した秘儀を行った。カヤカベ教は、明治九年（一八七六）に鹿児島で真宗の禁制が解かれてからも存続し、民間習俗の「講《こう》」の一種として伝承された。信者数は減少を続けているが、平成七年（一九九五）の調査では三〇三戸が所属していたという。

花尾かくれ念仏洞　三角形の入口の奥には八帖敷ほどの間があり、隠れ念仏行に利用されていた（鹿児島市花尾町）

隠れ念仏と名称の似たものに「隠し念仏」がある。隠し念仏は東北地方で見られた秘密結社的な念仏信仰だが、藩の真宗禁令によって発生した九州の隠れ念仏が本願寺《ほんがんじ》から支援を受けていたのに対し、隠し念仏は、本願寺や真宗教団から「異安心《いあんじん》」として異端視されたた点で大きく異なっている。

隠し念仏の起源については、親鸞が息子善《ぜん》鸞《らん》に密かに伝えた、親鸞が善鸞の息子如信《にょしん》

(本願寺第二代)に伝え如信から白河上野守なる人物に伝わった、親鸞二十四輩《にじゅうよはい》の一人、是信房《ぜしんぼう》が奥州に下って伝授した、蓮如《れんにょ》が京都の「鍵屋《かぎや》」なる一族に伝授したなど、さまざまな説がみられ、また法脈も多数に分かれていて非常に複雑である。

隠し念仏は秘儀的な儀礼を重んじたところに特色がある。なかでもとくに重要なのは「おとりあげ」と呼ばれる入信儀礼である。

岩手県の渋谷地念仏講中《しぶやじねんぶつこうちゅう》で行われていたものを例にとると、これは五歳から十二歳ぐらいまでの幼少者を対象に、土蔵の中で厳秘に行われるもので、参列者がひたすら念仏を称えるなか、導師らが入信者に印《いん》を組ませ、「助けたまえ」と一心不乱に連呼させる。行者が放心状態になると、阿弥陀仏の身代わりとなった導師が「助けた」と言って鉦《かね》を鳴らす。この瞬間、阿弥陀仏が行者の口から体内に入るのだという(豊島泰国『図説　日本呪術全書』)。

隠し念仏は、真宗内部の異端である「秘事《ひじ》法門《ほうもん》」に位置づけられることもあるが、密《みっ》教《きょう》系の念仏が布教上の方便として真宗の教義の外貌をとったものとする見方もある。隠し念仏の派に、空海《くうかい》・覚鑁《かくばん》(密教系念仏論を大成した真言僧)・親鸞の三像を崇めるものが多いというのは、一面ではこの見方を裏づけていよう。密教や真宗の念仏信仰が混淆《こんこう》して土俗化したものととらえることもできようか。

第4章

親鸞ゆかりの古寺

本願寺

親鸞の廟所をルーツとする真宗本山

親鸞が願ったのは「寺院」ではなく「道場」だった

　天台宗の最澄《さいちょう》は比叡山延暦寺《ひえいざんえんりゃくじ》を、真言宗の空海《くうかい》は高野山金剛峯寺《こうやさんこんごうぶじ》を創建し、曹洞《そうとう》宗の道元《どうげん》は永平寺《えいへいじ》を、日蓮《にちれん》宗の日蓮は久遠寺《くおんじ》を開いた。では、浄土真宗《じょうどしんしゅう》の親鸞《しんらん》はいかなる寺院を創建したのか。

「本願寺《ほんがんじ》だ」と答える人もいるかもしれないが、本願寺は「親鸞の墓」をルーツとする寺院なのであって、生前の親鸞の意志とは関わりをもっていない。

　もちろん、親鸞が開いたと伝える寺院も存在するが、それはあくまで伝説もしくは形式上のことであって、史実とは切り離して考えておく必要がある。おそらく親鸞本人は、念仏を広めるために、寺院を創建しようとか大伽藍《がらん》を造営しようなどという発想は、かけらも持ち合わせていなかったにちがいない。

というのも、鎌倉時代初期までの日本においては、およそ寺院とは官僧《かんそう》が国家的な祈禱《きとう》を行うための施設、すなわち鎮護国家のための装置であったからであり、そこに一般民衆が集まり、個々人が浄土往生《じょうどおうじょう》を願って念仏を称えるということなどは、ありえなかったからだ。

真宗門徒《もんと》集団にまず必要とされたのは、寺院ではなく、「道場」と呼ばれる小堂であった。覚如《かくにょ》の著『改邪鈔《かいじゃしょう》』によれば、親鸞は「(仏堂など建てずに)ただ道場を、普通の民家とは少し区別をつけて、小棟を高めに作ったらよい」(ただ道場をば、すこし人屋差別《じんおくしゃべち》あらせて、小棟《こむね》をあげてつくるべき)と言っていたという(第九条)。そこは門徒同朋《どうぼう》の集会所であると当時に念仏の場であり、私宅を改造した程度のものでも充分であった。そして本尊は、仏像ではなく「南無阿弥陀仏《なむあみだぶつ》」と書かれた掛軸で充分であった。ここに、在家仏教を旨とした親鸞と浄土真宗の真骨頂がある。

したがって、本章で紹介する寺院は、「親鸞が創建した寺院」ではなく、「親鸞ゆかりの地に建てられた寺院」という程度の意味に解していただきたい。

本願寺の複雑な歴史

現在、京都駅の北側には二つの本願寺が近接して建っている。

ひとつは西本願寺で、正式な寺号を龍谷山《りゅうこくさん》本願寺といい、浄土真宗本願寺派（通称・西本願寺派）の本山である（京都市下京区《しもぎょう》堀川通《ほりかわどおり》花屋町《はなやちょう》下ル）。

もうひとつは東本願寺で、正式には真宗本廟《ほんびょう》と称し、真宗大谷派《おおたに》（通称・東本願寺派）の本山である（京都市下京区烏丸通《からすまどおり》七条上ル）。

周知のように、東西本願寺は本願寺という一つの寺院をルーツとし、その本願寺は、先に記したように親鸞の廟所《びょうしょ》をルーツとしている。

では、その場所はというと、当初は東山《ひがしやま》の大谷（現在の知恩院《ちおんいん》のあたり）にあったのだが、その後、幾多の変遷をへて、現在の場所に落ち着いたのである。京都外に所在していた時期もあり、その歴史はなかなか複雑なのだが、ここでは本願寺の歴史を試みに五つの時期に分けて、たどってみたい。

●草創期

第3章にも記したように、『親鸞伝絵《でんね》』によれば、京都で晩年を送った親鸞は弘長《こうちょう》二年（一二六二）十一月二十八日に九十歳で遷化《せんげ》し、東山鳥辺野《とりべの》の延仁寺《えんにんじ》で荼毘《だび》に付されたのち、遺骨は鳥辺野の北辺の「大谷」の地にもうけられた墓に納められた。その墓は、本山専修寺《せんじゅじ》蔵の『親鸞伝絵』（一二九五年頃成立）に描かれたものを見ると、一基の高い塔の周囲に木柵をめぐらした、きわめて簡素なものであった。

現在の円山公園　八坂神社等の境内であった場所が明治期に公園として整備された（京都市東山区）

　問題は「大谷」とはどこかだが、大正時代に編まれた京都の地誌『京都坊目誌』によれば、本来、京都の大谷とは、「林下町《りんかちょう》知恩院の地より、円山《まるやま》町真葛《まくず》ヶ原及《はらおよび》雙林寺《そうりんじ》の地に至る古来よりの汎称」であるという。そこは、現在の地名でいえば、知恩院境内地・円山公園・東大谷（大谷祖廟）などがある広いエリアにある。このエリアの中のどこが親鸞の最初の墓所であったのかは、じつははっきりしていない。

なぜ大谷に親鸞の墓が建てられたのかもはっきりしていない。親鸞が遺言でこの地を墓所に望んだという話もない。

だが、親鸞の師法然《ほうねん》が念仏布教の拠点とした草庵があった吉水《よしみず》とは、この大谷に含まれる場所である。また、流罪をへて帰洛した法然が慈円《じえん》の斡旋を受けて住んだのは、大谷にあった青蓮院《しょうれんいん》の一房（大谷禅房）であり、法然はここで示寂《じじゃく》し、その後、禅房のそばには門弟たちによって法然の廟所が建てられた。東山大谷に所在する浄土宗総本山の知恩院はこれをルーツとし、正式には華頂山《かちょうざん》知恩教院大谷寺《おおたにでら》という。

このようなゆかりから、大谷が親鸞の墓所に選ばれたのではないだろうか。

●大谷廟堂時代

親鸞遷化後の十年にあたる文永《ぶんえい》九年（一二七二）、親鸞の末子覚信尼《かくしんに》らによって親鸞の墓はやや西へ場所を移すことになり、大谷の中の吉水の北辺に改葬された。吉水は先に触れたように法然の草庵があった場所であり、若き日の親鸞がはじめて法然の教えに接した思い出深い場所であり、また法然の廟所に近いところでもあった。

改葬された墓には草堂が建てられ、親鸞の影像が安置された。この草堂は「大谷廟堂」と称されたが、これが本願寺のルーツということになる。その場所は現在の知恩院山内の崇泰院《そうたいいん》の裏庭にあたるといわれており、現在は「元大谷」と呼ばれている。『親鸞伝絵』が描くところでは、大谷廟堂は六角形の平面をもっているが、この形状は親鸞が夢告《むこく》を得た六角堂を意識したものと考えられている。

現在の元大谷（崇泰院） 崇泰院は広大な知恩院の境内にあり、通常は非公開（京都市東山区）

　その土地はもともとは覚信尼の後夫小野《おの》宮禅念《みやぜんねん》の私有地であった。覚信尼（一二二四〜一二八三）ははじめ親鸞の生家日野一門の日野広綱《ひろつな》の側室となり、一子覚恵《かくえ》を生んでいるが、二十六歳頃に広綱と死別。三十九歳で父親鸞を看取ったあと、村上源氏の血を引くという小野宮禅念と再婚し、一子唯善《ゆいぜん》をもうけている。禅念が自身の所有地（「大谷北地」と呼ばれる）に廟堂を建立することを認めたのは、彼が妻のことをよく理解し、また舅である親鸞の専修念仏《せんじゅねんぶつ》にも理解を示していたからだろう。

禅念は建治《けんじ》元年（一二七五）の死の前年に廟堂の土地を覚信尼に譲渡したが、覚信尼は夫没後の建治三年、敷地を関東の親鸞門弟たちに寄進し、廟堂は真宗門徒が共有するところとなった。その代わり、覚信尼は廟堂を管理する「留守職《るすしき》」の任に就いた。廟堂の正式な責任者は東国門徒だが、彼らが留守のあいだ管理する役、というニュアンスである。その後、留守職は覚信尼の子孫が世襲してゆくことになるが、これが本願寺法主《ほっす》（門主、門首）の前身である。

覚信尼が土地を門徒に寄進して廟堂の留守職に就いたことには、亡父の墓守をしたいという孝行心のほかに、土地の寄進・廟堂の管理と引き換えに門徒たちから財施を受けて一族の経済的基盤を確保したいという思惑もあったとみられる。

ところが、その後、廟堂の管理権や留守職をめぐって、廟堂の相続権を主張する唯善（禅念と覚信尼の子）と他の親鸞一族・有力門徒が対立し、紛争が生じてしまった。

この事態を最終的に収拾したのが、覚信尼と前夫広綱とのあいだの子である覚恵の子、すなわち親鸞の曾孫にあたる覚如《かくにょ》（一二七〇～一三五一）である。彼は延慶《えんぎょう》二年（一三〇九）、青蓮院《しょうれんいん》の裁決を得て唯善を追放。翌年には関東門徒の同意を得て第三代留守職に就任し（初代は覚信尼、第二代は覚恵）、親鸞を初祖とする教団の確立に努め、その地位は親鸞の血族によって継承されることになった。

覚如は、比叡山延暦寺の末寺という立場にあって、天台宗に属していた大谷廟堂を寺院化して、一宗の本寺とすることにも努めた。その際の正和元年（一三一二）、「専修寺」の寺号を公称することを望んだが、延暦寺側は「専修念仏」がかつて禁止されていたことを理由にこれを不可とした。そこで、その代わりに掲げることになった寺号が、「本願寺」である。文献上での「本願寺」の初出は元亨《げんこう》元年（一三二一）である。

ちなみに覚如は、浄土真宗の正統な教えは、法然から親鸞、親鸞から如信《にょしん》（親鸞の子善鸞の子。幼少時から祖父親鸞のもとで教義を学ぶ）へと相承されたと主張し、これを「三代伝持《さんだいでんじ》」と呼んだ。そして、この三代を通じて相承された真宗の正義を、自分は如信から面授口決《めんじゅくけつ》によって学んだとして、自身が真宗法系の正当な後継者であることを任じた。このため、法系正統の伝承者という意味で、本願寺の歴代法主は初代親鸞、第二代如信、第三代覚如となっている。

●山科・大坂転遷時代

覚如没後、本願寺（大谷本願寺）の寺運は停滞気味であったが、本願寺第八代法主蓮如《れんにょ》（一四一五〜九九）の時代には興隆に向かい、急激に門徒を増やした。

ところが、これに延暦寺が脅威を抱き、寛正《かんしょう》六年（一四六五）、延暦寺衆徒《しゅうと》は本願寺を襲撃し、堂舎を破却した。これを機に蓮如と門徒たちは大谷を去り、弾圧を避けて本願寺の寺基は法主・門徒らとともに山科《やましな》（京都市山科区）、大坂石山《いしやま》（現在の大阪城が跡地）、紀州鷺森《さぎのもり》（和歌山市鷺ノ森）、泉州貝塚《かいづか》（大阪府貝塚市）、大坂天満《てんま》（大阪市北区東天満）などを転遷することになった。

この時期の本願寺教団は一向一揆《いっこういっき》を行う武装集団でもあり、幕府や戦国大名たちにとってはきわめて厄介な存在であった。その象徴が元亀《げんき》元年

蓮如廟　山科本願寺跡地にある山科中央公園の隣に墓がある（京都市山科区）

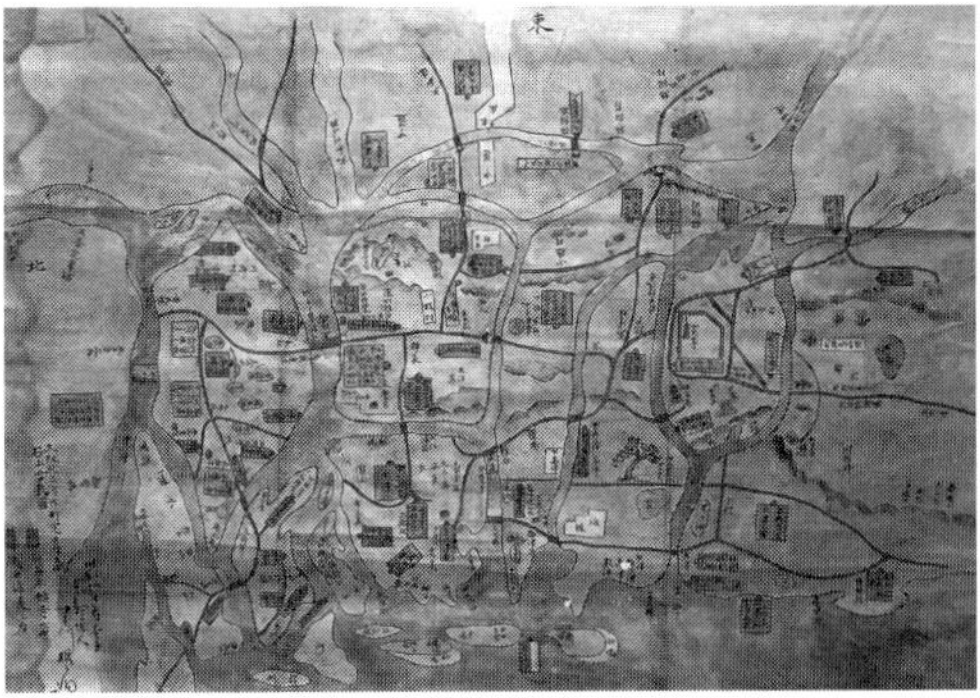

石山合戦配陣図　大阪・定専坊所蔵の石山合戦配陣図を模写したもの（和歌山市立博物館）

（一五七〇）から天正《てんしょう》八年（一五八〇）まで断続的に続いた石山合戦で、これは織田信長と本願寺第十一代顕如《けんにょ》が率いた石山本願寺勢力との戦いであった。このとき諸国の門徒は本願寺と連携して蜂起し、信長を苦しめたが、最終的には本願寺側が降服して寺地を信長に明け渡し、顕如は紀州鷺森に寺基を移したのである。

この一方で、大谷（元大谷）では本願寺が去った後も細々と親鸞の墓が守られていたらしいが、詳しいことはよくわかっていない。

●京都帰還

およそ百年にわたって流浪を続けていた本願寺は、天正十九年（一五九一）、本願寺第十一代顕如の時代に、豊臣秀吉から京都七条堀川の地を寄進されてようやく帰洛し、同地に新たな伽藍が建立された。その場所が、現在の西本願寺境内である。顕如は永禄二年（一五五九）に勅により門跡《もんぜき》（格式

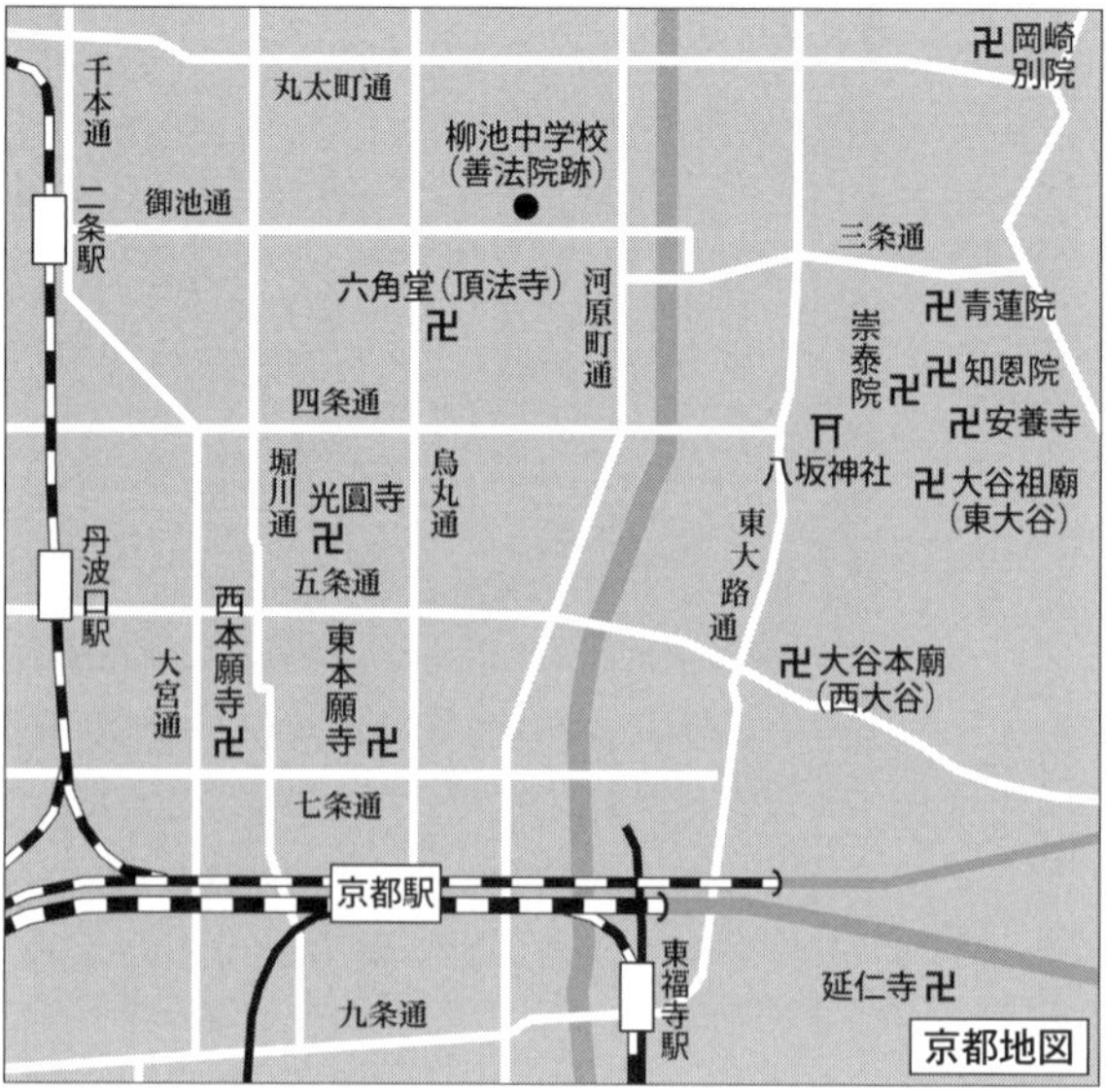

ある寺院の住持に対する称号）に補せられていたため、本願寺は准門跡寺院に列せられた。

ところが、徳川家康の時代に入ると、本願寺は東西に分裂してしまう。

顕如の後を継いだ本願寺第十二代教如《きょうにょ》は、秀吉の意向で文禄《ぶんろく》二年（一五九三）に法主の地位を弟の准如《じゅんにょ》に譲っていったん退隠した。しかし退隠後も多くの門徒の支持を得、また家康からも帰依《きえ》を受けたため、慶長《けいちょう》七年（一六〇二）に家康から七条烏丸の土地を寄進されると、そこに一寺を建立し、本願寺を称した。これが東本願寺のはじまりである。

これによって本願寺は二分されることになり、先にあった堀川の本願寺は西本願寺と呼ばれることになる。やがて、全国の末寺と門徒も東西に二分されることになった。家康は一向一揆を起こす本願寺勢力を削ぐことをねらっていたのかもしれない。

さらにこれにともなって、元大谷の親鸞の墓（廟所）も二分された。

まず慶長八年、家康の命令で親鸞廟所は大谷（元大谷）から東山五条坂へ移転し、移転地が「大谷」と呼ばれるようになった。西本願寺派の大谷本廟（西大谷）のはじまりである。浄土宗を宗旨とする家康が知恩院の拡張をはかったためであった。

寛文十年（一六七〇）には、東本願寺によって東山山腹の一角に新たに親鸞廟が造営され、親鸞の遺骨が分骨された。これが東山区円山町の大谷祖廟（東大谷）の濫觴で、その場所は、いちばん最初に親鸞の墓が築かれた「鳥辺野の北辺の大谷」にかなり近いところともいわれている。

こうして親鸞の墓は荘厳《しょうごん》化されていったのだが、親鸞本人は「閉眼《へいがん》せば、賀茂河にいれて、うほにあたふべし」（『改邪鈔』第十六条）と、つまり、死んだらむくろは鴨川に流して魚の餌にしてほしいと語っていたという。

マンモス教団を統轄する巨大伽藍

東西本願寺は多くの門信徒を抱えながら発展を続け、また江戸幕府や朝廷とも結びつきを強め、京都が震源地となった幕末・維新の変革期には、朝廷・新政府の後援者のような役割も担い、政治的にも、社会的にも大きな影響力をもった。

そして現代、西本願寺は日本有数のマンモス教団である浄土真宗本願寺派の本山として、東本願寺もまた同じく巨大教団である真宗大谷派の本山として偉容を誇り、親鸞の教えを伝えつづけている。

両寺とも、本尊阿弥陀如来を安置する阿弥陀堂と、親鸞木像を安置する御影堂《ごえいどう》を、伽藍の中心としている。

東本願寺・御影堂（右）と阿弥陀堂　東本願寺の正式名称は真宗本廟であり、「お東さん」の通称で親しまれる（京都市下京区）

西本願寺の阿弥陀堂は宝暦《ほうれき》十年（一七六〇）の再建、御影堂は寛永十三年（一六三六）の再建で、それぞれ国宝である。境内南東隅にある庭園「滴翠園《てきすいえん》」に建つ三層楼の飛雲閣《ひうんかく》（江戸時代初期建立）も国宝で、金閣、銀閣と並ぶ「京都の三名閣」の一つに数えられている。

東本願寺の御影堂と阿弥陀堂は明治二十八年（一八九五）の再建である。飛地境内の渉成園《しょうせいえん》（枳殻邸《きこくてい》）は江戸時代初期に作られた池泉《ちせん》回遊式庭園で、国の名勝に指定されている。

二つの大伽藍の境内には、今もなお親鸞の遺徳をしのぶ門信徒の姿が絶えることがない。

西本願寺・御影堂（左）と阿弥陀堂　西本願寺の正式名称は龍谷山本願寺であり、「お西さん」の通称で親しまれる（京都市下京区）

京都

古都に点在する親鸞の残影

法界寺《ほうかいじ》——親鸞誕生の地

［京都市伏見区日野西大道町］

現在は真言宗醍醐《だいご》派に属し、山号は東光山。本尊は伝最澄作の薬師如来で、寺院は地名にちなんで日野薬師とも呼ばれる。藤原北家《ほっけ》の一流、日野家ゆかりの古寺として知られる。

藤原北家の始祖房前《ふささき》の曾孫真夏《まなつ》の孫にあたる家宗《いえむね》が、弘仁《こうにん》十三年（八二二）、比叡山延暦寺から授かった最澄自作の薬師像を安置するために山科盆地南東の日野に一宇を建立したのがはじまりで、その子孫の資業《すけなり》が永承《えいしょう》六年（一〇五一）に薬師堂を建立して再興したという創建伝承がある。しかし実質的には、平安時代中期に資業が一族の菩提寺《ぼだいじ》として創建したものと考えられ、日野にはもともと一族の別荘があったともいわれている。資業は日野の法界寺にちなんで日野を号したといわれ、日野家の遠祖となっている。寺院は当初は天台宗だったが、江戸時代に真言宗に改宗している。

往時には観音堂、五大堂など多くの堂塔が建ち並んだが、現在は本堂（薬師堂）と阿弥陀堂を残すのみである。秘仏本尊薬師如来を安置する本堂は明治三十七年（一九〇四）に奈良県龍田《たつた》の伝燈寺の本堂を移築したもので、棟木には康《こう》正《しょう》二年（一四五六）の銘がある。鎌倉時代初期の造営と推測される阿弥陀堂（国宝）には定朝《じょうちょう》様の丈六《じょうろく》阿弥陀如来坐像（国宝）が安置されている。内陣長押《ないじんなげし》上部の漆喰《しっくい》壁に描かれた飛天図など、古い壁画も残され、非常に貴重である。

法界寺　平安後期の阿弥陀信仰や末法思想の高まりから阿弥陀堂が建てられた

日野家の出身である親鸞は日野

の里に生まれたと伝えられ、法界寺と隣接する保育園の敷地との境界には、親鸞の産《うぶ》湯《ゆ》の水が汲まれたという古井戸や胞衣塚《えなづか》が残されている。阿弥陀堂の阿弥陀像は藤原時代（平安時代中期・後期）の作とされているので、親鸞が日野生まれならば、幼少期にこれを拝していた可能性もあろう。

ただし、親鸞日野生誕説は日野家の菩提寺がこの地にあることからいわれるようになったものと考えられ、あくまで伝承であり、確実な史料によるかぎりでは親鸞の生誕地を明確にすることはできない。

それでも法界寺を親鸞生誕ゆかりの地として仰ぐ浄土真宗は、江戸時代後期以降、荒廃していた法界寺の復興に努め、西本願寺第十九代本如《ほんにょ》は調査を行って親鸞生誕地としてこの地を顕彰し、文政《ぶんせい》十一年（一八二八）には第二十代広如《こうにょ》が境内の一角に別堂を建立した。そこはのちに西本願寺の飛地境内となったが、大正十二年（一九二三）の立教開宗七百年を記念して、昭和六年（一九三一）には新たな本堂が落成し、日野誕生院と改称された。

現在は浄土真宗西本願寺派に属し、親鸞産湯の井戸や胞衣塚も誕生院の境内となっている。

誕生院の裏手（東）には日野家の墓所がある。

青蓮院《しょうれんいん》――親鸞出家・得度の地

［京都市東山区粟田口《あわたぐち》三条坊町］

親鸞出家得度の地と伝えられる青蓮院は、格式高い天台宗の門跡《もんぜき》寺院（皇族・貴族出身の僧尼が住職を務める由緒ある寺院）だが、その歴史は場所も含めて複雑である。

現在の青蓮院は京都市東山区粟田口に所在するが、当初は比叡山延暦寺の東塔《とうどう》南谷にあり、青蓮坊と号した。山上の僧侶の住房のひとつで、比叡山を開創した最澄（七六六～八二二）がはじめたとも、千日回峰行《かいほうぎょう》を創始した相応《そうおう》（八三一～九一八）がつくったとも伝えられる。「青蓮」という呼称は、そばに小さな蓮池があったことにちなむという。

青蓮坊は天台座主《ざす》行玄《ぎょうげん》（一〇九七～一一五五）の住房となったのち、久安《きゅうあん》六年（一一五〇）には美福門院《びふくもんいん》（鳥羽天皇皇后）の御願《ごがん》寺となった。このとき、青蓮院の院号を得たという。

仁平《にんぺい》三年（一一五三）、鳥羽法皇によって比叡山麓の三条白川に院御所に準じて殿舎が造営され、法皇の皇子で行玄の弟子であった覚快法親王《かっかいほっしんのう》が入寺して住房とした。

青蓮院門跡・植髪堂　境内には親鸞が得度した際に剃った髪を祀る植髪堂がある

こちらも青蓮院と呼ばれるようになり、覚快はその門主となった。これが門跡寺院としての青蓮院のはじまりで、その場所は青蓮院の現在地のやや北西であったという。比叡山は気候が厳しく、また通行にも不便なので、延暦寺の高僧や老僧たちのために山麓に住房がもうけられることがあった。これを里坊《さとぼう》というが、三条白川の青蓮院は、山上の青蓮院(青蓮坊)の里坊であった。

天台座主も務めた覚快の後を継いで正治《しょうじ》年間(一一九九〜一二〇一)に門主に就いたのは、藤原忠通《ただみち》の子で、四度も天台座主に補せられた、親鸞出家の師としても知られる慈円《じえん》（一一五五〜一二二五）である。慈円が門主となってからはとくに寺運が興隆し、以後、青蓮院には皇族や摂関家師弟の入寺が相次ぎ、多くの天台座主を輩出するようになった。

元久《げんきゅう》二年（一二〇五）、慈円は里坊青蓮院の寺地を東山大谷の吉水（現在の安養寺《あんようじ》の寺地）に移した。法然の吉水草庵は、この吉水青蓮院のそばかその寺域内に所在していたと考えられる。また、承元《じょうげん》の法難による流罪を解かれたのち建暦《けんりゃく》元年（一二一一）に帰洛した法然が住んだ東山大谷の禅房は、慈円が与えた青蓮院内の一房であったという。法然示寂《じじゃく》後、そこに法然の墓が建てられたが、これが知恩院のルーツとなった。

嘉禎《かてい》三年（一二三七）には里坊の寺地はふたたび三条白川に戻る。これが現在地である。一方、山上の青蓮院は次第に衰退していったようである。

本尊は熾盛光《しじょうこう》如来。殿舎・諸堂はしばしば兵火や火災にあっていて、明治二十六年（一八九三）の大火ではほとんどの堂塔が焼失し、現在の建物の多くはその後の再建物である。寺宝の絹本著色《けんぽんちゃくしょく》不動明王《ふどうみょうおう》二童子《にどうじ》像（国宝、秘仏）は日本三不動の一つ「青不動」として有名である。現在は、平成二十六年（二〇一四）に東山山頂の将軍塚付近に建立された青龍殿《せいりゅうでん》に安置されている。

治承《じしょう》五年（一一八一）春、九歳の親鸞はここ青蓮院で慈円を師として出家得度《とくど》したといわれ、門前には「親鸞聖人得度聖地」の石碑が立っている。しかし、『親鸞伝絵』は親鸞出家の場を「慈円の貴坊」と記しているだけで、青蓮院と明記しているわけではない。また、この時期、慈円はまだ青蓮院の門主には就いていなかった。それに、当時と今とでは、青蓮院の場所も若干異なっている。

それでも青蓮院を親鸞出家の場とする伝承が流布したのは、ひとつには、師の慈円が青蓮院門跡の中興として人びとに強く記憶されていたためであろう。また、本願寺の前身である大谷廟所は延暦寺妙香院《みょうこういん》を本所とする法楽寺の領地にあり、かつ妙香院が青蓮院の支配下にあったことから、当初の本願寺は青蓮院の末寺に位置づけられ、歴代法主は十一代顕如まで青蓮院で得度するのを倣いとした。

こうしたこともあってか、境内には親鸞出家とのゆかりを伝えるものが少なくない。境内北側に建つ植髪堂《うえがみどう》に祀られている親鸞童形像には、親鸞出家時に剃り落とした髪が植えられているという伝承があり、堂の名称もこれにちなんでいる。ただし、植髪堂ははじめは阿弥陀堂と称し、宝暦九年（一七五九）に、青蓮院の西にあった末寺の金蔵寺（明治時代に廃寺）のそばに阿弥陀三尊像とともに親鸞童形像を祀るために建立されたのが草創で、現在地に移転したのは明治十三年（一八八〇）だというので、それほど古い由来をもつものではない。もっとも、植髪伝承をもつ親鸞童形像自体は堂建立の以前から存在していたらしく、もとは青蓮院の蔵に納められていたものだったという話もある。

車寄の前に立つ親鸞童形像は昭和の初め頃に造立されたものだが、この場所に立てられたのは、親鸞出家の際に馬をつないだと伝えられる古松がこのあたりにあったからだという。

現在の宸殿《しんでん》は明治時代に再建されたものだが、親鸞が出家得度した部屋だという「お得度の間」が残されている。

延暦寺《えんりゃくじ》――親鸞修行・修学の地　［滋賀県大津市坂本本町］

九歳で出家した後、二十九歳で山を下りるまで、親鸞が修行時代を過ごしたのが、京都府と滋賀県の境にそびえる比叡山に所在する、天台宗総本山の比叡山延暦寺である。

比叡山延暦寺・横川中堂　慈覚大師（円仁）によって開かれ、源信、日蓮、道元ら名僧たちも修行している

延暦寺は、比叡山で修行をしていた最澄が延暦七年（七八八）に自刻の薬師如来像を安置するために建立した一《いち》乗止観院《じょうしかんいん》をルーツとし、最澄遷化の翌年である弘仁《こうにん》十四年（八二三）、勅命により延暦寺と改称した。

ただし、延暦寺という寺号をもつ一個の寺院があるわけではなく、比叡山内にある諸堂塔の総称が「延暦寺」なのである。山上に広がる境内は、古来「三塔《さんとう》」と呼ばれる次の三つのエリアに区分けされている。

東塔：比叡山の東側に広がる。最澄が建立した一乗止観院を前身とする根《こん》本中堂《ぽんちゅうどう》が中心。戒壇院、浄土院（最澄廟）などがある。
西塔《さいとう》：比叡山の西側に広がる。釈迦堂と相輪樘《そうりんとう》を中心とする。四種三昧行《ししゅざんまいぎょう》の道場である法華堂《ほっけどう》と常行堂《じょうぎょうどう》はかつては東塔や横川にもあったが、現在は西塔にのみある。
横川《よかわ》（北塔《ほくとう》）：山上の北方に位置する横川の成立は東塔・西塔にやや遅れ、最澄の弟子円仁《えんにん》が、天長《てんちょう》十年（八三三）頃にこの地に草庵を結んだことにはじまる。この草庵をルーツとするのが、横川の中心堂宇である横川中堂（首楞厳院《しゅりょうごんいん》）。平安時代中頃には浄土教に傾倒した源信《げんしん》が隠棲し、念仏行（観想念仏）と著作に没頭した。

最盛期の比叡山は三千坊を数えたといわれるが、比叡山時代の親鸞の行実については正確なことはわかっておらず、どの坊舎に起居していたのか、三塔のうちのどこにいたのかといったことについても、正確なところは不明である。

ただし、第1章にも書いたが、『親鸞伝絵』が比叡山時代の親鸞について「楞厳横河の余流をたたへて」と記していることは、浄土教が盛んに学ばれていた横川に親鸞が在籍していたことを示唆していると思われる。とはいえ、入山後一貫して横川にいたわけではないだろう。『親鸞正明伝《しょうみょうでん》』では、青年親鸞は山内の諸所をめぐって修行と学問にはげんだことになっている。

『恵信尼消息《えしんにしょうそく》』に、比叡山での親鸞が常行堂で不断《ふだん》念仏を行う「堂僧《どうそう》」を勤めていたと記すものがあるためか（52ページ参照）、西塔の常行堂が親鸞修行の地といわれることがあり、現在この常行堂の前には「親鸞聖人旧跡」の碑が立っている。しかしすでに記したように、かつての比叡山には三塔それぞれに常行堂が存在していたので、親鸞が東塔や横川で堂僧を勤めていた可能性も考えられるはずである。

親鸞ゆかりの比叡山の堂塔としてもう一つ触れておきたいのは、東塔無動寺《むどうじ》谷の大乗院である。『親鸞正明伝』によれば、親鸞は二十八歳の冬、大乗院に二十一日間籠って如意輪《にょいりん》観音の示現《じげん》に遭い、二十九歳になった建仁《けんにん》元年（一二〇一）正月からは、大乗院から京の町中にある六角堂へ連日通って百日参籠を行い、ついには六角堂で観音から夢告《むこく》を受けたのだという。

大乗院は根本中堂から南へ二十〜三十分ほど急坂を下った、山の中腹にあり、鬱蒼とした樹木に覆われている。大乗院から六角堂までは、徒歩ならば片道三〜四時間はかかるだろうか。現在の大乗院は質素な平屋で、入り口には「親鸞聖人御修行旧跡」の碑が立っている。堂内には「そば喰い木像」と呼ばれる親鸞像が残っているが、これにはこんないわれが伝えられている。

「親鸞が毎夜下山して六角堂に通いつづけていたとき、仲間の僧侶たちのあいだでは、親鸞は都の女のもとへ通っていると噂になった。ある夜、師から一同にそばが振舞われたが、親鸞の分は親鸞が彫った木像が身代わりとなって食べたので、親鸞は下山していないのだと皆信じた」

親鸞の六角堂百日参籠にまつわる、ちょっと不思議な伝説である。

頂法寺《ちょうほうじ》（六角堂）——観音夢告の霊地

［京都市中京区六角通東洞院《ひがしのとういん》西入堂之前町《どうのまえ》］

平安遷都以前からあったと伝えられる京都有数の古寺で、本堂が六角形をしていることから、六角堂の通称で古くから親しまれている。山号は紫雲山。

寺伝によると、聖徳太子が四天王寺《してんのうじ》建立の材木を求めて山城国愛宕郡《おたぎ》（六角堂の現在地付近）を訪れたとき、泉で身を浄めるために念持仏《ねんじぶつ》の如意輪観音像を木の洞《うろ》に置いたところ、それが動かなくなって、太子に「この地にとどまって衆生を救いたい」と告げた。そこで太子は六角形の小堂を建てて如意輪観音像を安置した。これが六角堂のはじまりであるという。

この寺伝が史実であるならば聖徳太子が活躍した飛鳥時代の創建となるが、現在の

上空から見た六角堂　境内の右手奥には親鸞堂が建ち、２体の親鸞像が安置されている

ところ境内にそこまでさかのぼる遺構は確認されておらず、また史料上に六角堂のことがあらわれるのは平安時代中期からである。

平安中期にはじまる観音信仰の高まりのなかで、多くの参詣者でにぎわうようになるが、貴族だけでなく一般庶民の信仰も集めたのが特色である。本尊の如意輪観音は高さ一寸八分（約五・五センチ）の金銅仏と伝えられ、多くの霊験譚《れいげんたん》があるが、いつの頃からか秘仏となっており、参詣者はお前立《まえだち》を拝することになる。

古代には如意輪観音は救世《くせ》観音やその化身とされた聖徳太子と同一視され

たため、六角堂の本尊は聖徳太子像としても崇められたらしい。建仁元年（一二〇一）、聖徳太子を敬仰《けいぎょう》する若き日の親鸞が六角堂に参籠して観音から夢告《むこく》を得たというのも、当時の六角堂が観音信仰と太子信仰の聖地であったからである。

平安京造営に際して条里が制定されたとき、六角堂がちょうど街路の上にあたってしまうため、人びとがどうしたものかと思案していると、堂みずからが北へ五丈（約一五メートル）ほど移動し、従来の堂の中心には礎石がひとつ取り残されたという伝説がある。現在、境内の本堂前の脇に置かれている「へそ石」と呼ばれる六角形をした石は、その取り残された礎石と伝えられていて、明治初年までは六角堂前を通る六角通りの真ん中にあったという。へそ石という呼び名は、その場所が京都のほぼ中央にあたるということに由来するという。

へそ石の右手（東側）には二つの親鸞像（「親鸞夢想之像」「親鸞草鞋《わらじ》の御影」）を安置する親鸞堂があり、親鸞とのゆかりを伝えている。

岡崎別院《おかざきべついん》――比叡山下山後の寓所

［京都市左京区岡崎天王町］

比叡山を下りた親鸞が幽棲した地と伝えられ、六角堂参籠を終えた親鸞はこの地に

岡崎別院　岡崎草庵の跡地と伝えられる

草庵を結び、ここから東山吉水の法然の禅房に通ったという。その旧址は「親鸞屋敷」として伝えられていたが、享和《きょうわ》元年（一八〇一）、東本願寺第二十代達如《たつにょ》のとき、堂宇が建立されて岡崎御坊となり、明治九年（一八七六）に岡崎別院と改められた。真宗大谷派に属する。

　本堂西側にある小さな池は「鏡池」または「姿見の池」と呼ばれ、親鸞が越後配流《はいる》のおり、姿を映して名残りを惜しんだ池と伝えられている（整備事業にともなう工事のため、令和五年〔二〇二三〕夏頃まで境内地への立ち入りは不可となっている）。

安養寺《あんようじ》——法然の吉水草庵跡

［京都市東山区八坂鳥居前東入円山町《まるやま》］

安養寺　法然が営んだ吉水草庵の旧跡。法然は30数年間吉水を本拠に称名念仏を宣揚し、親鸞が入信したことで知られる

かつて「吉水」と呼ばれた東山山麓の一画にある時宗《じしゅう》寺院で、円山公園の東、知恩院の南に位置し、若き日の親鸞が通った、法然の吉水草庵の旧跡と伝えられている。

寺伝によれば、安養寺は平安京が造営された延暦年間（七八二～八〇六）に最澄によって創建され、のちに比叡山を中興した良源《りょうげん》（九一二～九八五）が止住し、当初は天台宗寺院だったという。その後は荒廃したが、建久《けんきゅう》年間（一一九〇～九九）に慈円が中興してしばらく住み、吉水房とも称して青蓮院に属したという。この頃の青蓮院（里坊）は吉水にあり、慈円が経営していたとみられる。

一方、安元元年（一一七五）から、承元の法難によって四国配流を命じられる承元元年（一二〇七）まで、法然が住んで念仏布教の拠点とした吉水草庵（吉水禅房）はこの地にあり、門弟の増加にともない住房は増築されていったという。比叡山を下りて法然門下となった親鸞が通ったところである。安養寺と青蓮院、吉水草庵の関係は今ひとつはっきりしないが、青蓮院の傘下にある安養寺の広い敷地の中に吉水草庵があったということなのかもしれない。

慈円の後、専修念仏弾圧もあって、安養寺は衰微したが、至徳《しとく》年間（一三八四～八七）に国阿《こくあ》によって再興され、以後、時宗に改められた。江戸時代には寺坊六カ寺と本坊を構えて栄えたが、明治維新で寺地の大半が収公され、本坊と弁天堂などを残すのみとなった。収公された土地の多くはのちに円山公園に編入された。ちなみに、円山公園という名称は、安養寺の寺号「慈円山」に由来している。

「吉水」というのは、霊泉が湧くことから生じた地名で、弁天堂の脇には法然が閼伽《あか》の水に用いたという古井戸が残されている。

光圓寺《こうえんじ》――親鸞帰洛後の住まい

〔京都市下京区松原通新町西入藪下町《やぶしたちょう》〕

光圓寺　常陸国の平太郎が熊野詣の可否を親鸞に尋ねるために訪れた場所とされ、余間には平太郎の木像が安置されている

京都の下町にある真宗大谷派の小寺院だが、親鸞とのゆかりは深い。

『京都坊目誌』によると、光圓寺は天文《てんもん》二十一年（一五五二）に僧貞尚によって開かれ、当初は違う場所にあったらしいが、その後現在地へ移ったという。

『親鸞伝絵』によれば、関東布教から帰洛した親鸞は五条西洞院（現在の松原通西洞院）を勝地として住んだが、光圓寺の現在地はその親鸞帰洛後の住居跡と伝えられている。また、親鸞旧跡の記録を集成した、真宗大谷派安福寺僧先啓の手になる『大谷遺跡《いせき》録』（一七七一年初刊）によると、この地にはかつて九条兼実《くじょうかねざね》の別宅（月輪本荘花園殿《つきのわほんしょうはなぞのでん》）があり、流罪《るざい》前の親鸞の住居でもあったという。兼実の娘玉日姫《たまひひめ》との結婚後、住んでいたということなのだろうか。

さらに寺伝では、親鸞はこの地で亡くなり、遺骸は事情があって善法院に移されたのだという。つまりここは、親鸞流罪前と帰洛後の住居跡にして、入滅地だというのである。門前には「親鸞聖人御入滅之地」と刻された石碑が立っている。

光圓寺から南方向へ歩いてすぐの場所にある大泉寺《だいせんじ》（京都市下京区月見町、浄土宗）についても、兼実の別宅跡とする伝承があり、同寺はそのことを知った僧賢公が文禄四年（一五九五）に創建したものだという（『京都坊目誌』）。

角坊《すみのぼう》――親鸞遷化の地

［京都市右京区山ノ内御堂殿町《みどうでんちょう》］

『親鸞伝絵』によれば、親鸞は弘長二年（一二六二）十一月二十八日、「押小路《おしこうじ》の南、万里小路《までのこうじ》より東」（下・第六段）にあった禅房で往生したという。

最晩年の親鸞は、東国から上京した顕智《けんち》が正嘉二年（一二五八）十二月に聞き書きした「自然法爾《じねんほうに》」（一切のはからいを棄てて阿弥陀仏にまかせきった境地）に関する有名な親鸞法語（本山専修寺蔵）の末尾の記載によって、三条富小路にあった善法院（善法坊）に住していたことがわかっている。「押小路の南、万里小路より東」という場所は「三条富小路」に一致するので、親鸞は善法院で遷化したということになる。善法院は延暦寺僧となっていた弟尋有の住房（里坊）であった。

この善法院の跡とされるのが角坊である。

安政《あんせい》四年（一八五七）、西本願寺第二十代広如がこの地を善法院跡とし、当時相国《しょうこく》寺《じ》の所有していた土地のうち二反を購入して親鸞六百回忌に向けてこの地に堂宇を建立した。当初は角坊別院と称したが、平成二十三年（二〇一一）の七百五十回忌に合わせて改修され、本願地の飛地境内となり、「角坊」と改称した。山門越しに見える大きな親鸞像が印象的である。山門脇には銅製の大きなお椀のようなものが掛けられているが、これは初代親鸞像がかぶっていた笠

角坊　親鸞遷化の地・善法院の旧跡とされ、巨大な親鸞像が立っている

で、像本体は戦時中に金属供出のために回収されてしまったのだという。

ただし、善法院跡としては中京区《なかぎょう》柳《やなぎの》馬場《ばんば》通《どおり》御池《おいけ》上ル虎石町《とらいしまち》の御池中学校付近も有力視されていて、柳馬場通に面して「見真《けんしん》大師遷化之旧跡」と刻まれた石碑が建てられている（「見真大師」は明治天皇から親鸞に贈られた諡号）。

このあたりはかつて親鸞ヶ原と呼ばれ、親鸞終焉の地とされて元和《げんな》元年（一六一五）には法泉寺《ほうせんじ》が建立されたが、当地にあった柳池《りゅうち》小学校の拡張にともなって寺は移転したのだという。虎石町という地名は、伏せた虎のような姿の庭石を親鸞が虎石と呼んだことに由来するとされ、その虎石は親鸞遷化の際に涙を流したとも伝えられている。現在、この虎石は真宗大谷派の親鸞廟である大谷祖廟に安置されている。

延仁寺《えんにんじ》——親鸞の茶毘所

［京都市東山区今熊野］

『親鸞伝絵』によると、弘長二年（一二六二）に九十歳で遷化した親鸞の遺骸は「洛《らく》陽東山《ようひがしやま》の西の麓、鳥部野《とりべの》（鳥辺野）の南の辺《ほとり》、延仁寺」（下・第六段）へ運ばれて茶《だ》毘《び》に付された。鳥辺野は京都古来の葬地で、延仁寺は藤原氏の墓寺であったともいうが、中世には廃絶してしまったため、やがて親鸞の茶毘所は不明となってしまった。

しかし、幕末期に阿弥陀ヶ峰の南西麓の地と考証され、明治十六年（一八八三）には真宗大谷派（東本願寺）がその土地を取得して親鸞荼毘所とし、そのそばに延仁寺を再建した。墓地の奥にある荼毘所跡には「見真大師御荼毘所」の石碑が立ち、六角形の石垣の中に親鸞像が立っている。

延仁寺・親鸞荼毘所跡　延仁寺は中世には荒廃したが、幕末に「西光寺」として再興され、明治16年（1883）に「延仁寺」に復称

ただし浄土真宗本願寺派（西本願寺）は、ここではなく、東山区五条東の一角を親鸞荼毘所としている。そこは本願寺派の親鸞廟である大谷本廟の近くで、北門からいったん外へ出て、他宗寺院の墓地を通った先の狭い谷間にあり、木立の中に「親鸞聖人奉火葬之古蹟」と刻された石碑が立っている。

越後

親鸞流罪の地に残る古寺・旧跡

見真堂《けんしんどう》——親鸞上陸の地

［新潟県上越市五智］

建永《けんえい》二年（一二〇七）二月、朝廷による専修念仏弾圧で越後配流に処せられた当時三十五歳の親鸞は、まもなく越後国の国府《こくふ》（新潟県上越市）に護送され、流人としておよそ五年をここで過ごし、流罪が解かれた後も数年は国府周辺に留まったとみられている。

『親鸞伝絵』には親鸞が越後に入ったルートはとくに記されていないが、『大谷遺跡録』によれば、京都からやって来た親鸞一行は北陸道最大の難所である「親不知《おやしらず》」を越えた後、小野浦《このうら》（新潟県糸魚川《いといがわ》市木浦《このうら》）からは舟に乗って日本海を進み、国府近くの居多《こた》ヶ浜《はま》に上陸したのだという。

見真堂　近くにある展望台からは紺碧の日本海が望める

居多ヶ浜には「親鸞聖人御上陸之地居多ヶ浜」と刻された石柱が立ち、浜を見下ろす高台には小さな展望台がもうけられ、その脇には「もしわれ配所《はいじょ》におもむかずば何によりてか辺鄙《へんぴ》の群類を化せん　これ猶《なお》師教《しきょう》の恩致《おんち》なり」という『親鸞伝絵』の一節（上・第三段）が刻まれた石碑が立っている。「もし師法然が流罪とならなかったら、私は配所の越後に赴くこともなく、辺境の地の人びとを教化する機会も生じなかった。それが、師が流罪となったおかげで、辺地の人びとを教え導くことができた。これもまた師の恩によるのだ」という意味である。

展望台の西側には、居多ヶ浜記念堂と、親鸞座像が安置された見真堂が建っていて、越後時代の親鸞の遺徳をしのぶよすがとなっている。

五智国分寺《ごちこくぶんじ》――親鸞の草庵跡

［新潟県上越市五智］

五智国分寺　居多ヶ浜に上陸後、親鸞が約１年を過ごしたとされるが、親鸞の頃の正確な場所は不明

居多ヶ浜から歩いて数分のところにある天台宗寺院で、山号は安国山。天平《てんぴょう》十三年（七四一）に聖武《しょうむ》天皇の勅命により行基《ぎょうき》が開基した越後国分寺の後身と伝えられる。当初の寺地は不明で、中世には荒廃したとみられるが、永禄《えいろく》五年（一五六二）に上杉謙信《うえすぎけんしん》が再興し、現在地に移転したと伝えられている。この頃は真言宗で、五智如来（阿弥陀如来・阿閦《あしゅく》如来・大日《だいにち》如来・宝生《ほうしょう》如来・不空成就《ふくうじょうじゅ》如来）を本尊

としたことから五智国分寺とも呼ばれるようになったらしい。江戸時代初期には天台宗に転じている。

越後に流された親鸞が最初に住んだ草庵は竹林に囲まれていたため「竹之内草庵《たけのうちそうあん》」と呼ばれたが、それは国分寺の地にあったと伝えられており、そのため五智国分寺は竹之内草庵旧跡としても知られている。本堂右手には親鸞坐像を安置した堂宇があり、「親鸞聖人御配所草庵」と書かれた額が掲げられている。この親鸞像は、寺院裏門前にある「鏡ヶ池」に写った姿を親鸞が自刻したものと伝えられている。

竹之内草庵での親鸞は、非僧非俗となった境遇を自覚しつつ、流人として国府の役人たちの監視を受けながらも、悠揚と暮らしていたことだろう。

本願寺国府別院《ほんがんじこくふべついん》——もうひとつの草庵跡　［新潟県上越市国府］

越後に流された親鸞は、竹之内草庵に約一年住んだのち、竹《たけ》ヶ前《はな》草庵に移り住んだと伝えられているが、本願寺国府別院はその竹ヶ前草庵があったところといわれている。竹之内草庵跡とされる五智国分寺から内陸側に歩いて十分ほどのところである。

親鸞が関東へ発つと草庵は荒廃し、近くにある宝持院《ほうじいん》という天台宗寺院の土地となったが、江戸時代には真宗門徒の参拝が増え、文化《ぶんか》二年（一八〇五）には門信徒の懇念によって本堂が建立された。明治四年（一八七一）には西本願寺が土地を買い取り、明治九年には小丸山《こまるやま》別院と公称。昭和五年（一九三〇）には本願寺国府別院と改称された。浄土真宗本願寺派に属す。

本願寺国府別院　本堂に向かい左手側には竹ヶ前草庵跡を示す石碑が立つ

現本堂は文化二年に創建されたときの建物のままであり、本堂前には、親鸞が配流されたときに袈裟《けさ》を掛けたと伝えられる古松の跡が残されている。

竹ヶ前草庵に住んだ時期には、親鸞はほぼ間違いなく恵信尼と一緒に暮らしていたはずである。自ら農耕にも携わりながら、家族とともに質素な生活を送り、在家仏教のあり方を模索していたことだろう。

光源寺《こうげんじ》――親鸞に帰依した武士が開いた

［新潟県上越市国府］

光源寺　妻恵信尼との「連座御影」、「越後国流人藤井善信」と書かれた「流人標札」など、ゆかりの物を数多く所蔵する

五智国分寺から東方向に坂道をしばらく下ったところにある。山号は上野山で、真宗大谷派に属し、本尊は阿弥陀如来。

親鸞が越後に配流中、木曾義仲《きそよしなか》の家臣のひとり堀徳兵衛光政《みつまさ》が親鸞に深く帰依し、覚円房最信《かくえんぼうさいしん》という法名を授かった。最信は親鸞が関東へ旅立った後もこの地に残って一宇を興し、覚円坊と称した。これが本願寺第十二代教如《きょうにょ》によって光源寺と改称されたのは天正三年（一五七五）のことである。享保《きょうほう》十七年（一七三二）、東本願寺第十七代真如《しんにょ》のときに東本願寺の抱地となり、「国府御坊」とも呼ばれた。

御影堂には、赦免された親鸞が描いたという自画像「御満悦の御影」が安置されている。

恵信尼公廟所《えしんにこうびょうしょ》――恵信尼の墓

［新潟県上越市板倉区米増《よねます》］

昭和三十一年（一九五六）、板倉町米増（現・上越市板倉区米増）ののどかな田園の中にひっそりと立つ「比丘尼墓《びくにはか》」と呼び伝えられる五輪塔《ごりんとう》が、恵信尼の墓ではないかといわれるようになって注目を浴び、その後の調査の結果、恵信尼の墓として認定された。『恵信尼消息』の第六通（文永《ぶんえい》元年〔一二六四〕五月十三日付）には、越後に在住していた晩年の恵信尼が生前に寿塔として「五ちうに候たう（五重に候う塔）」を建立することを願っていた旨が書かれてあり、この五輪塔がそれだろうと考えられたからである。また、第七通の末尾に記された「とひたのまきより」の「とひた」は、この五輪塔北東の古地名「飛田《とびた》」（現・板倉区長塚付近）とする説が有力である。

昭和三十八年には恵信尼廟所として整備されて本願寺国府別院の飛地境内となり、平成十六年（二〇〇四）から十七年にかけて石塔周辺が改めて整備され、平成二十三年にはそのかたわらに「こぶしの里　恵信尼さま会館」が建立された。この名称は、

比丘尼墓　恵信尼は70歳を過ぎて越後に帰り、板倉の地で子や孫と過ごし往生したと伝わる

五輪塔のそばに推定樹齢六百年の「こぶしの木」の古株があったことにちなんでいる。また、その隣接地には、恵信尼に関する資料を展示する、平成十七年開設の「ゑしんの里記念館」もある。

このあたりは今ものどかな田園風景が広がっているが（北陸新幹線の高架線路がそのただ中を貫いていて、やや興趣を削いでいるが）、八十七歳の長寿を保った恵信尼は、夫を追憶しつつ、この情景に見守られながら終焉を迎えたのだろうか。

なお、かつては、恵信尼の生家・三善《みよし》家はこのあたりを本拠とする豪族と考えられていたが、その後異論も出されており、確証はされていない。

関東

初期真宗教団の中心地

西念寺《さいねんじ》——稲田草庵跡

［茨城県笠間市稲田《いなだ》］

『親鸞伝絵』によると、法難によって越後流罪となった親鸞は、建暦元年（一二一一）に赦免されるも、その後もしばらくは越後に留まって教化を行う。そしてそれをへて常陸国に移り、笠間郡稲田郷に草庵を結び、今度はここを拠点として東国の教化に務めたという。

常陸国笠間郡稲田郷は現在の茨城県笠間市稲田にあたり、親鸞の稲田草庵跡地に建てられたと伝えられるのが、この地にある浄土真宗別格本山の稲田山西念寺だ。稲田禅房、稲田御坊とも呼ばれる。本尊は阿弥陀如来。

寺伝によると、親鸞は当地の領主稲田頼重《よりしげ》の招請を受けて越後から来訪して稲田草庵を結び、親鸞に帰依した頼重は出家して頼重房教養《らいじゅうぼうきょうよう》と称し、親鸞帰洛後も別当として草庵を守り、西念寺の礎を築いたという。草庵が西念寺を号するようになったのは稲田禅房第四世宗慶のときで、嘉元《かげん》二年（一三〇四）のことだという。江戸時代には三十石の朱印地《しゅいんち》を受け、笠間藩の外護《げご》を受けた。

親鸞が主著『教行信証《きょうぎょうしんしょう》』をまとめたのは稲田草庵滞在時のことと考えられたため、浄土真宗立教開宗の聖地として も重んじられてきた。ただし実際には、『教行信証』は帰洛後も加筆訂正が繰り返されていたことがわかっており（146ページ参照）、稲田草庵時代には、執筆は行われていたにしろ、完成に至ったわけではない。

現在地のすぐそばを国道が通ってはいるが、今なお草深い土

西念寺　稲田氏の招きに応じて「吹雪谷」と呼ばれたこの地に草庵を結んだのが西念寺の始まりと伝えられる

地であり、茅葺きの山門の先には閑寂な境内が広がっている。本堂の庭前には、親鸞が植えたと伝えられる、お葉付イチョウ（イチョウの変種）の巨樹がそびえる。樹高三五メートル、幹周り七・五メートルで、樹齢は三百年以上だという。

本堂の裏山にある御頂骨堂《ごちょうこつどう》は親鸞の分骨を奉安したものだという。その分骨は、稲田禅房第二世教念が親鸞遷化の折に上洛し、覚信尼から分与してもらったものと伝えられている。現在の六角形の堂は、大正十四年（一九二五）の再建物である。

境内西方の田んぼのなかには、親鸞が帰洛の際、名残りを惜しんでしばしたたずんだと伝えられる見返り橋のモニュメントがある。

西念寺からほぼ真東に一キロほど行ったところにある小高い丘の上には、「玉日君《たまひのきみ》御本廟《ごほんびょう》」がある。『親鸞正明伝』や『親鸞因縁《いんねん》』に言及される、親鸞の最初の夫人であったと伝えられる九条兼実の娘、玉日姫の廟所である。玉日姫は親鸞が越後に流罪中に京都で亡くなったと考えられているので、稲田に彼女の墓があるというのは不自然だが、東国教化《きょうけ》中の親鸞が亡き妻をしのんで供養塔《くようとう》を建てたのだとすれば、納得がゆく。ただし、関東では玉日姫が恵信尼と同一人物視されることもあったようで、廟所の小堂には、「恵信尼公」の額が掲げられている。

小島草庵跡《おじまそうあんあと》——関東布教の拠点

［茨城県下妻市小島］

小島草庵跡　ここにあるイチョウの巨木は、稲田に移った親鸞を思って枝が北向きに伸びているとされ、「稲田恋しの銀杏」と名づけられている

『親鸞正明伝』によれば、越後から常陸に入った親鸞は、稲田草庵に住む前に、下妻《しもつま》の小嶋郡司《おじまぐんじ》武弘《たけひろ》の館に招かれて、小嶋（小島）の地にしばらく滞在したといい、それは四十歳のときのことだという。

『親鸞伝絵』にはまったくみられない話だが、現在の茨城県下妻市小島には親鸞が住んだ小島草庵の跡と伝えられる場所があり、目印となる大イチョウの下に「親鸞聖人御旧跡」と刻された石碑が立っている。古木の裏側には四基の五輪塔が並んでいるが、それぞれ欽明《きんめい》天皇、用明《ようめい》天皇、聖徳太子、親鸞の墓であるという。欽明は仏教公伝時の天皇、用明は日本仏教の先駆者で親鸞が敬慕した聖徳太子の父である。

そこは、筑波山を背景にした、小貝川《こかいがわ》に沿って広がる平野のただなかで、本当に親鸞はこんな寂しいところに住んでいたのだろうかといぶかってしまうような土地だが、『恵信尼消息』の中でも親鸞がこのあたりに住んでいたことが示唆されている。恵信尼は覚信尼への書状のなかで、「ひたちのしもつまと申候ところに、さかいのかうと申ところに候しとき」に見た夢のことを記しているのだが（第一通）、「しもつま」の「さかいのかう（郷）」とは、小島草庵跡から北東に二キロほどのところにある坂井のことを指しているとみられるからである。

江戸時代の『親鸞正統伝《しょうとうでん》』によれば、親鸞は小島で三年間過ごしたが、そのうちの最後の三カ月を過ごした地にはのちに寺院が建てられて三月《みつき》寺と号した。やがて衰退したため、同じ下妻の栗山《くりやま》にある光明寺《こうみょうじ》の境内に移されたが、ただ形ばかりとなったという。現在の小島草庵跡は、この三月寺の遺跡であるともいわれている。

親鸞の高弟蓮位はこの辺の出身といわれ、その子孫は下間《しもつま》氏と称して本願寺の要職を世襲するようになり、永禄《えいろく》二年（一五五九）からは代々、坊官を務めて寺務を管掌している。

専修寺《せんじゅじ》——初期真宗教団の面影を伝える　［栃木県真岡《もおか》市高田《たかだ》］

下野国《しもつけのくに》芳賀《はが》郡高田（栃木県真岡市高田）は、親鸞の教化を受けた高田門徒の拠点となったところで、高田門徒はのちに真宗高田派に発展したが、その高田派の本山となったのが高田山専修寺（高田専修寺）である。十五世紀に寺基が伊勢《いせ》国一身田《いしんでん》（三重県津市一身田町）に移されたため、現在では栃木の専修寺を本寺《ほんじ》、三重の専修寺を本山《ほんざん》と呼んで区別しているが、たんに「専修寺」といえば後者をさす場合が多い。

寺伝によれば、嘉禄元年（一二二五）、下野国へやってきた五十三歳の親鸞は、高田の地で奇瑞に遭った。これを親鸞の高徳のあらわれと心服した領主たちは寺院の建立に着手。工事の間、親鸞は近くに建てられた草庵に住んだが、ある夜、夢告を受けて信州善光寺《ぜんこうじ》におもむくと、阿弥陀如来を中尊とする一光三尊仏《いっこうさんぞんぶつ》を献上され、これを背負って高田に帰った。翌年、高田の寺院（如来堂）が完成すると、この一光三尊仏が本尊として安置された。これが専修寺の開創とされている。

ここでいう一光三尊仏とは、一枚の光背のもと、中尊に阿弥陀如来を、左右の脇侍《きょうじ》

高田山専修寺　親鸞が建立した唯一の寺ともされる。三重県の本山専修寺に対して「本寺」とも称される

に観音菩薩・勢至《せいし》菩薩を配した仏像のことで、善光寺の本尊（善光寺如来）がそれであることから、善光寺式阿弥陀三尊像ともいう。

こうした寺伝に対し、親鸞が入る以前から高田には一光三尊仏を安置する如来堂がすでにあり、この如来堂を拠点としていた真仏《しんぶつ》が、高田へ布教にやってきた親鸞に帰依して門弟となったので、念仏道場に変わったのではないか、とする見方がある。

真仏は筑波山の麓、常陸《ひたち》国真壁《まかべ》郡椎《しい》尾《お》（茨城県桜川市真壁町椎尾）を本貫《ほんがん》とする武士椎尾氏の出身といわれているが、親鸞と出会う前は、弟子の顕智《けんち》とともに、一光三尊仏＝善光寺如来の信仰を広める善光寺聖《ひじり》だったのではないかとも考えられている（今井雅晴『親鸞の家族と門弟』）。だとすれば、高田の如来堂は、善光寺聖としての真仏が布教の拠点として建立したものであったのかもしれない。

なお、正確にいつから「専修寺」の寺号を用いるようになったのかは定かではないが、史料上の初見は寛正《かんしょう》六年（一四六五）付の文書である。この寺号は言うまでもなく、親鸞の説いた専修念仏、一向《いっこう》専修の教えにちなむもので、かつて京都の本願寺が望んだものの、延暦寺に専修念仏が禁制とされていた過去を咎められて、許されなかった寺号であった。

親鸞帰洛後、真仏をリーダーとする高田門徒は専修寺を中心に教団を形成した。真仏が親鸞よりも早く正嘉《しょうか》二年（一二五八）に遷化すると、専修寺は、真仏の弟子で、親鸞面授の弟子でもあった顕智に伝えられた。顕智は北陸、近江、伊勢、三河など各地に布教して教線を拡大させ、高田門徒（高田派）は初期真宗教団のなかでは最も大きな勢力をもった。

のどかな田園風景の中に広がる境内は、如来堂と御影堂《みえいどう》を中心に形成されている。現在の如来堂は元禄《げんろく》十四年（一七〇一）の再建物で、本尊は善光寺から迎えられたと伝えられる秘仏、一光三尊仏（善光寺式阿弥陀三尊像）である。

御影堂は親鸞像を中央の須弥壇上に安置し、向かって右には真仏像、左には顕智像が置かれている。親鸞像は像高八四センチの座像で、「等身の御影」と呼ばれ、親鸞七十六歳時の自刻像だという。現在の建物は寛保《かんぽう》三年（一七四三）頃の築造だという。

専修寺から車で五分ほど行った、小貝川東岸の山林の中に、専修寺造営中に親鸞が仮住まいをしたと伝えられる三谷《みや》草庵がひっそりと建っている。現在の建物は江戸時代後期に、親鸞をしのんだ三谷村名主の海老沢氏によって名号《みょうごう》を奉安する建物として建立されたものと考えられていて、仏堂と庫裏《くり》からなり、茅葺き屋根である。

冒頭でも触れたが、寛正五年（一四六四）、専修寺第十世真慧《しんね》は、教勢拡大のため伊勢一身田に道場を建て、寺基をそこに移した。本願寺の蓮如が北陸・三河・関東へ積極的に布教を行ったことに対抗してのことと考えられている。伊勢一身田の寺は当初は無量寿寺《むりょうじゅじ》（院）を号したが、十六世紀なかば以降にはこちらが専修寺住持の住房として定着し、次第に専修寺と呼ばれるようになった。江戸時代には、高田派の中心は完全に伊勢一身田の専修寺に移り、本山としての地位を確立している。

栃木の本寺専修寺の境内西側に広がる墓地の奥には、「親鸞聖人御廟」がある。弘

三谷草庵　専修寺近くに建ち、同寺造営中の親鸞の仮住まいの庵とも伝わる。現在の建物は江戸後期の再建か（栃木県真岡市）

長二年（一二六二）に親鸞が九十歳で遷化した際、東国から上京して末期《まつご》の給仕をした顕智が葬儀を取り仕切ったが、大谷の墓所に遺骨を納める際、顕智は師の遺歯十六粒を桐の筒に納めて高田まで携行し、そのうちの九粒を専修寺に埋葬し、廟所としたのだという。林の中の小さな五輪塔風の墓石は京都の大谷廟の荘厳さには比べるべくもないが、その歴史は現在の大谷廟よりもはるかに古く、宗祖の廟所にふさわしい風致を醸している。

コラム

妙好人

親鸞と同じ境地に到達した念仏者

浄土真宗では、とくに信仰に篤い在俗の念仏者のことを「妙好人《みょうこうにん》」と呼ぶ。これには次のような由来がある。

浄土三部経の一つである『観無量寿経《かんむりょうじゅきょう》』の最後の方で、釈尊《しゃくそん》はこう語っている。

「もし念仏する者はまさに知るべし、この人はこれ人中《にんちゅう》の分陀利華《ふんだりけ》なり」

「分陀利華」はサンスクリット語のプンダリーカの音写で、白蓮華《びゃくれんげ》のことをさし、別名を「妙好華《みょうこうげ》」という。「妙好」とは、「最も優れていて美しい」というような意味である。

白蓮華＝妙好華は湿った汚泥《おでい》の中に根をおろすが、泥に染まることなく純白の美しい花を咲かせる。しかも蓮の葉は撥水性があって、水をよくはじく。そんな特性が、煩悩《ぼんのう》という汚泥の中にありながら、それに惑わされることなく生死《しょうじ》の迷いを超えた篤信の念仏者にたとえられ、「妙好人」という呼び方が生まれたのである。

その妙好人が、篤信の念仏者のなかでもとくに在俗の者をさす言葉として用いられるようになったのは、江戸時代中期に西本願寺《にしほんがんじ》派の僧仰誓《ごうせい》が『妙好人伝』を撰述《せんじゅつ》してからである。同書は在俗の熱心な念仏者三十数名の逸話や言行をまとめたもので、これを機に明治時代初期にかけていくつもの妙好人伝が編ま

鉾立峰にある大和清九郎の墓　清九郎は「和州清九郎」とも、住んでいた地方から「鉾立清九郎」とも呼ばれている（奈良県高市郡高取町）

れるようになった。

　仰誓が『妙好人伝』を編んだのは、「大和の清九郎《せいくろう》」との出会いがきっかけだったという。清九郎は延宝《えんぽう》六年（一六七八）の生まれで、大和国吉野郡鉾立《ほこたて》村（奈良県吉野郡大淀町）に住む農民であった。父は早くに亡くなり、母親に育てられたが、生まれつき魯鈍で、誰かが自分の笠に書いてくれた「ほこたてせいくろう」のかな文字も読めないほどであった。しかし孝心篤く、また念仏を絶やすことのない熱心な門徒であった。老母と本山参りに出かけたとき、老母が「もう歩けない」と訴えると、清九郎はみずから母親を背負って、片道二十里（約八〇キロ）の道のりを往復したという。

　こうした評判を耳にした領主の母親が、あるとき清九郎を召して「おまえはいつ頃から信心を得たのか」と尋ねると、清九郎はこう答えた。

「願うべきは浄土なり、と思いはじめたのは三十二、三の頃かと思いますが、その頃は仏道にどこか疑いを抱いておりました。けれどもいつしか疑いも晴れ、今は近づく往生がたのしみでございます。御報謝の念仏が喜ばしいのは全く他力本願のはたらきのおかげ、ありがたいことでございます」

領主の母親はこの言葉に深く感じ入り、人びとは「このような信心があったからこそ、御召しもあったのだろう」と称嘆した。

晩年は吉野郡丹生谷《にゅうだに》に隠居して二間の藁葺《わらぶ》き屋でつつましい暮らしを送り、寛延《かんえん》三年（一七五〇）、念仏を称えながら往生したという。行年《ぎょうねん》七十三であった。

幕末から明治初期にかけて生きた石見《いわみ》（島根県西部）出身の浅原才市《あさはらさいち》は、鈴木大拙《だいせつ》が『日本的霊性』（一九四四年）の中で代表的な妙好人として取り上げたことでよく知られている。彼は船大工や下駄作りの職人を生業《なりわい》としたが、真宗寺院で熱心に聞法《もんぼう》し、やがて仕事の合間に独特の宗教詩を書き記すようになった。一編紹介しておきたい。

「わしが阿弥陀《あみだ》になるじゃない、／阿弥陀の方からわしになる。／なむあみだぶつ。」

親鸞の言葉「弥陀の五劫思惟《ごこうしゆい》の願をよくよく案ずれば、ひとへに親鸞一人がためなりけり」（『歎異抄《たんにしょう》』後序）に通じる、深い言葉である。

親鸞関係系図

＊『尊卑分脈』『日野氏系図』
『日野一流系図』を参照して作成

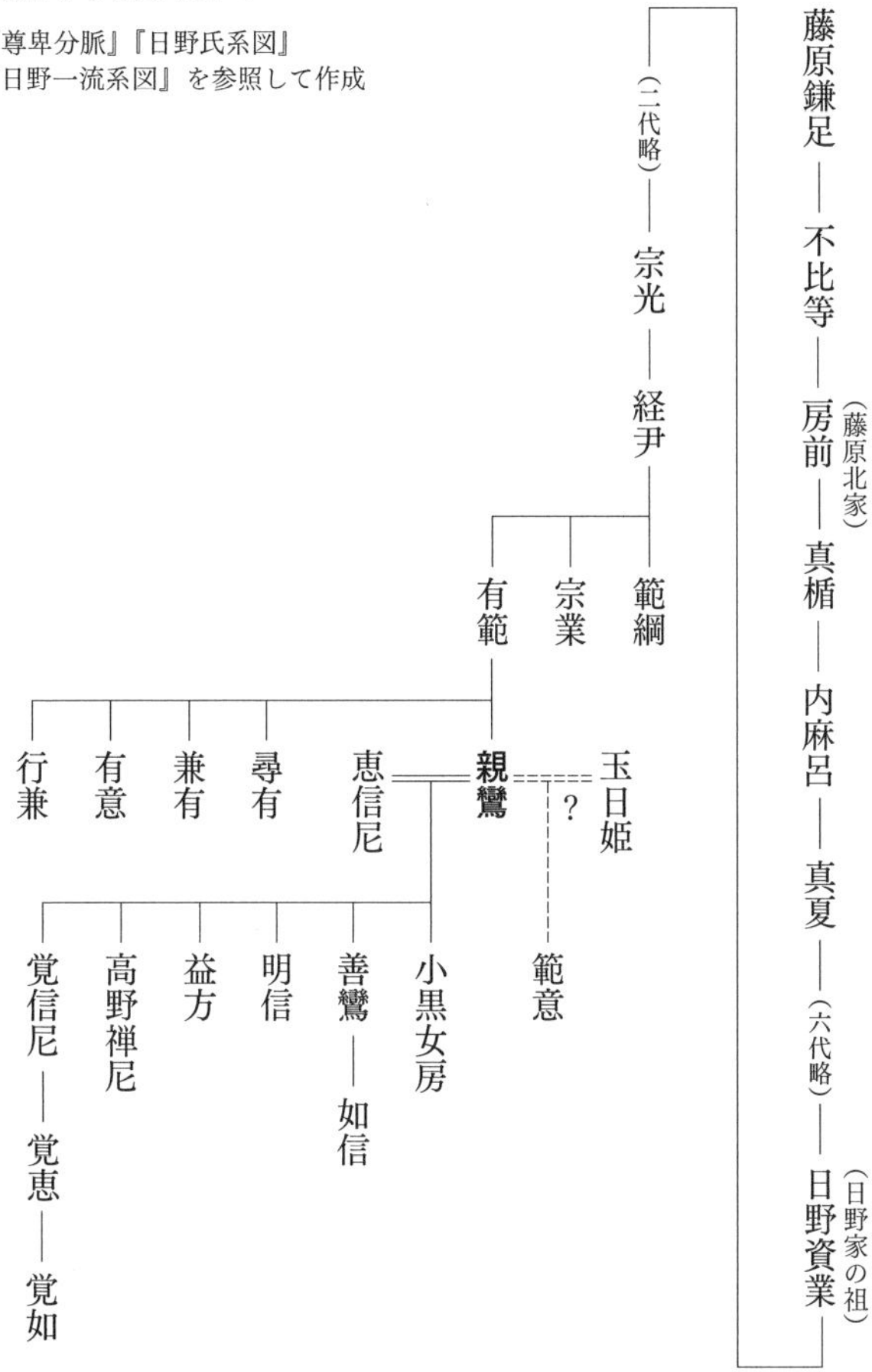

親鸞関連年表

元号 年	西暦	主な出来事
承安三	一一七三	親鸞誕生
安元元	一一七五	法然、専修念仏の教えを確立
養和元	一一八一	親鸞九歳（数え）。慈円の坊舎で出家得度。延暦寺に入る
寿永元	一一八二	恵信尼誕生
建久九	一一九八	法然、『選択本願念仏集』を著わす
建仁元	一二〇一	親鸞二十九歳。延暦寺を出て、吉水の法然の門に入る。また、六角堂に参籠して観音（聖徳太子）の夢告を得る
元久元	一二〇四	親鸞三十二歳。法然の「七箇条制誡」に「僧綽空」と署名
元久二	一二〇五	親鸞三十三歳。法然より『選択本願念仏集』の書写を許される。
承元元	一二〇七	親鸞三十五歳。朝廷より念仏禁止令が出される。法然は讃岐、親鸞は越後に流される（承元の法難）

建暦元	一二一一	親鸞三十九歳。越後にて恵信尼との間に息子明信誕生。十一月、流罪を許される
建暦二	一二一二	法然、京都で入寂。親鸞四十歳。この頃、関東に移住して布教開始か
建保二	一二一四	親鸞四十二歳。佐貫（武蔵国と上野国のあいだ）で浄土三部経千部読誦をはじめるが、途中で中止
元仁元	一二二四	親鸞五十二歳。『教行信証』を本格的に執筆か（完成は晩年）
寛喜三	一二三一	親鸞五十九歳。病床で佐貫での千部読誦をめぐる内省を思い出し、再び反省する
嘉禎元	一二三五	親鸞六十三歳。この頃、京都へ帰還か。五条西洞院に住む
建長七	一二五五	親鸞八十三歳。五条西洞院の禅房が焼け、弟尋有が住む善法坊に転居
康元元	一二五六	親鸞八十四歳。東国で異義を広める息子善鸞を義絶する
弘長二	一二六二	親鸞九十歳。十一月二十八日、善法坊で遷化。東山・鳥辺野で荼毘に付され、遺骨は大谷に納められる

主要参考文献

真宗聖典編纂委員会編『浄土真宗聖典　原典版』本願寺出版部、一九八五年
＊浄土真宗本願寺派総合研究所のホームページにテキストが公開されている
浄土真宗本願寺派総合研究所編『浄土真宗聖典　御伝鈔　御俗姓　現代語版』本願寺出版社、二〇二〇年
教学研究所編『親鸞聖人行実』真宗大谷派宗務部出版部、二〇〇八年
真宗史料刊行会編『大系真宗史料　伝記編1　親鸞伝』法藏館、二〇一一年
＊『親鸞聖人御因縁』『親鸞聖人正統伝』『親鸞聖人正明伝』などを収録
赤松俊秀『親鸞』（人物叢書）吉川弘文館、一九六一年
石田瑞麿訳『親鸞全集』（全四巻、別巻一）春秋社、一九八五～八七年
井上鋭夫『本願寺』講談社学術文庫、二〇〇八年
今井雅晴『親鸞の家族と門弟』法藏館、二〇〇二年
梅原猛『親鸞「四つの謎」を解く』新潮社、二〇一四年
岡村喜史『日本史のなかの親鸞聖人』本願寺出版社、二〇一八年

笠原一男『親鸞と東国農民』山川出版社、一九五七年
左方郁子『京都・宗祖の旅　法然［浄土宗］』淡交社、二〇一四年
佐々木正『親鸞始記』筑摩書房、一九九七年
佐々木正『親鸞・封印された三つの真実』洋泉社、二〇〇九年
白川晴顕『妙好人のことば』本願寺出版社、二〇一五年
末木文美士『親鸞』（ミネルヴァ日本評伝選）ミネルヴァ書房、二〇一六年
鈴木大拙『日本的霊性』岩波文庫、一九七二年
平雅行『改訂・歴史のなかに見る親鸞』法蔵館文庫、二〇二一年
千葉乗隆『蓮如上人ものがたり』本願寺出版社、一九九八年
豊島泰国『図説　日本呪術全書』原書房、一九九八年
林智康他編『親鸞読み解き事典』柏書房、二〇〇六年
平松令三『親鸞』（歴史文化ライブラリー）吉川弘文館、一九九八年
細川行信他著『現代の聖典　親鸞書簡集　全四十三通』法蔵館、二〇〇二年
松尾剛次『知られざる親鸞』平凡社新書、二〇一二年
『京都坊目誌』（全五巻、新修京都叢書）臨川書店、一九六七～七〇年　＊一九一六年刊の復刻
『親鸞の本』（ブックス・エソテリカ39）学習研究社、二〇〇六年

編者略歴

山折哲雄（やまおり・てつお）

宗教学者・評論家。1931年、米国サンフランシスコ生まれ。東北大印度哲学科卒業。国立歴史民俗博物館教授、国際日本文化研究センター所長を歴任。現在は国際日本文化研究センター、国立歴史民俗博物館、総合研究大学院大学の各名誉教授。『世界宗教大事典』（平凡社）、『仏教とは何か』（中公新書）、『「ひとり」の哲学』（新潮選書）、『わたしが死について語るなら』（ポプラ新書）など著書多数。

＜本文執筆＞

古川順弘（ふるかわ・のぶひろ）

1970年、神奈川県生まれ。早稲田大学第一文学部卒業。宗教・歴史分野を扱う文筆家・編集者。『人物でわかる日本書紀』（山川出版社）、『古代神宝の謎』（二見書房）、『仏像破壊の日本史』『古代豪族の興亡に秘められたヤマト王権の謎』（以上、宝島社）ほか著書多数。

【写真提供・撮影協力】

赤野井西別院、国立国会図書館、国立文化財機構所蔵品統合検索システム、写真AC、浄土真宗本願寺派（西本願寺）、真宗大谷派（東本願寺）、西岸寺、比叡山延暦寺、古川順弘、本願寺史料研究所、和歌山県立博物館、和歌山市立博物館、Adobe Stock

親鸞に秘められた古寺・生涯の謎

宗祖聖人と辿る旧跡と浄土真宗

2023年2月20日　初版第1刷発行

編　　者	山折哲雄
発 行 者	江尻 良
発 行 所	株式会社ウェッジ 〒101-0052 東京都千代田区神田小川町1丁目3番地1 NBF小川町ビルディング3階 電話 03-5280-0528　FAX 03-5217-2661 https://www.wedge.co.jp/　振替00160-2-410636
装　　幀	佐々木博則
組版・地図	辻 聡
印刷・製本	株式会社シナノ

＊定価はカバーに表示してあります。
＊乱丁本・落丁本は小社にてお取り替えいたします。

ISBN978-4-86310-260-6　C0026